# SAINT-MAXENT

## LE

# PÉDAGOGUE

### ÉTUDE DE L'ÉGOISME

SUIVI DE

## HÉVELLA

PARIS

D. GIRAUD, LIBRAIRE-ÉDITEUR

7, RUE VIVIENNE, AU PREMIER, 7

1854

# LE PÉDAGOGUE

# SAINT-MAXENT

---

# LE

# PÉDAGOGUE

## ÉTUDE DE L'ÉGOÏSME

### SUIVI DE

## HÉVELLA

---

**PARIS**

D. GIRAUD, LIBRAIRE-ÉDITEUR

7, RUE VIVIENNE, AU PREMIER, 7

---

1854

# ANT-PROPOS.

C'étaient de belles époques que celles
où les souverains s'entouraient de toutes
les intelligences du royaume pour faire
jaillir cette lumière dont l'éclat illuminait
le monde ; époques fameuses jetées à l'immortalité par ceux mêmes qui les faisaient
immortelles ; où les rois, groupant autour
d'eux tous les hommes pleins d'esprit ou
de science, devenaient le miroir où se reflétait le génie de l'homme.

Quand on marche dans le passé, l'on
admire, on s'étonne ; on en vient à se demander si l'esprit humain a franchi son
dernier période et s'il décline pour retourner à l'origine du monde. Ne semble-t-il

pas, en effet, qu'au siècle de Louis XIV il ait atteint son apogée, et que depuis il s'amoindrisse peu à peu et s'éteigne pour faire place à la science du bien-être matériel, donc à l'homme en tant qu'animal ? La preuve n'en est pas difficile à déduire : Quel esprit compare-t-on à Molière ? Quel à la Fontaine ? Quel à Racine ? Quel à la Bruyère ? Quel à Bossuet ? Quel à Pascal ? — Aucun. — Comédies, Fables, Tragédies, Caractères, Discours, Pensées, l'on n'a plus rien à créer, tout l'esprit humain est là ; le dernier mot a été dit. Depuis ce siècle unique, étonnant, l'on n'a fait qu'imiter ; imiter, c'est décroître.

Laissant de côté cette considération générale, si l'on cherche la cause de cette décadence de l'esprit, ne la trouve-t-on pas dans l'indifférence des souverains à ce qui n'offre qu'une valeur indirecte pour eux, mais incalculable pour un empire ? Ne sont-ce pas les productions de l'esprit qui meuvent tout un peuple, et sèment en lui le germe ou du bien ou du mal ? Un livre est plus fort qu'une armée : les *Provinciales* eussent défié le monde. Que restera-t-il dans cinq cents ans de César, de Charlemagne et de Napoléon ? Les Commentaires, les Écoles et les Lois. Que restera-t-il de Richelieu ? L'Académie.

Les siècles ne s'immortalisent que par les intelligences qu'ils produisent ; chaque roi l'a plus ou moins compris :

François I<sup>er</sup> eut Rabelais.

Henri III : Montaigne.

Louis XIII : Corneille.

Louis XIV : Molière, la Fontaine, Racine, la Bruyère, Pascal, la Rochefoucauld, Bossuet.

Louis XV : Voltaire, J. J. Rousseau, Montesquieu, Buffon.

Louis XVI : Chamfort.

La République et Napoléon : Mythologie de l'avenir.

Autour de pareils noms, quelles pléiades d'autres noms célèbres :

Malherbe, Regnier, Ronsard, Marot, Gombauld, Racan, Voiture, Tallemant des Réaux, Vaugelas, Ménage, Scarron, Balzac, des Barreaux, la Calprenède, Rotrou, Benserade, Patru, l'Etoisle, Saint-Évremond ;

Fénelon, Massillon, Bourdaloue, Fléchier, Nicole, Arnauld, Regnard, Boursault, Sévigné, Montausier, Rambouillet, Longueville, Sablé, Lambert ;

Helvétius, Diderot, Marmontel, Rivarol, Fontenelle, Restif de la Bretonne, Moncrif, Crébillon, Marivaux, le Sage, Gresset, la Harpe, Prévost, Piron, Duclos, Mercier, Delille, Beaumarchais, Destouches, Florian.

Et quels autres que je passe ! — Et je ne compte que la littérature.

Croyez-vous que tous ces noms fussent venus jusqu'à nous si ceux qui les portaient n'eussent pas été reçus à la cour et chez les plus grands seigneurs de France ? Croyez-vous que s'ils n'avaient eu pour vivre que le produit de leur travail, ils eussent pu créer ces œuvres qui nous servent encore de modèles? Non.

La pauvreté de ce que nous produisons n'est-elle pas pardonnable? Il faut manger, il faut vivre, et les volumes se paient si peu! — quand ils se paient. Nos maîtres recevaient des pensions de la cour ou des princes; étaient logés au Louvre ou chez les grands seigneurs, et n'avaient point à s'inquiéter de l'avenir; chacun leur faisait fête, et pour la nourriture du corps ils vous donnaient la nourriture de l'âme; la noblesse de nom et de fortune ouvrait les bras à la noblesse du génie. Ah! quels temps! Quels salons! Quelles cours! — Aujourd'hui, rien.

Où donc est la *chambre bleue* d'où Molière sortait un soir pour revenir, le lendemain, avec les *Précieuses ridicules?* Où donc est le cabinet de Ninon, où la Rochefoucauld parlait d'amour tout en écrivant ses *Maximes?* Où donc est le jardin de

Marion que Milton endormait à la lecture du *Paradis perdu?* — Tout est mort.

Où donc est le café Procope? Où donc la maréchale de Mirepoix, M^lle des Jardins, M^me Geoffrin, M^me Lambert? Où donc enfin le foyer de la Comédie - Française? — Tout est mort.

Le pauvre siècle que le nôtre!

S. M.

# LE PÉDAGOGUE

ÉTUDE DE L'ÉGOISME.

# LE PÉDAGOGUE

---

## CHAPITRE I<sup>ER</sup>

En 18.. j'allai aux eaux de Bade : pourquoi là plutôt qu'ailleurs? car le monde est partout le même en toutes les langues possibles. — J'y étais depuis une semaine, et Dieu sait quelle somme d'ennui j'y avais amassée. — Un soir, après avoir passé la moitié du jour à interroger des faces de joueurs, affreux masques de plâtre éclairés par deux prunelles impitoyables, je partis, et me fis conduire à la vallée de Sasbachwalden et d'Oberkappel. — Je demande pardon de ces deux hiéroglyphes que je viens de tracer; mais on m'a assuré que tels sont les noms véritables, et je me ferais scrupule d'y changer une lettre ; si je veux les écrire, n'allez pas croire, au moins, que jamais je consente à vous les prononcer : la moitié m'en resterait dans la gorge.

Au pied de cette vallée, commencent d'orgueilleuses montagnes, échelons rocailleux des Titans. — Le crépuscule ne venait pas encore, le chemin était libre, je montai. Plus haut je parviendrai, plus haut je fuirai les hommes, de plus haut je les saluerai, je m'en trouverai mieux ; car le monde est une pauvre peinture qui paraît d'autant moins mauvaise qu'on s'en éloigne davantage. Aussi l'air était-il meilleur, la nature plus belle : moins il y a de l'homme, plus il y a de Dieu.

Je ressemblais, sans doute, à un Lilliputien grimpant aux jambes de Gulliver. — Quelle hauteur ! et comme j'en voulais à ces monstres superbes d'avoir entassé bêtement montagne sur montagne pour tomber foudroyés par cette main puissante qui soutient l'univers ! — Enfin, j'arrivai dans une contrée presque stérile et veuve de végétation : on l'appelle Seekopf, ou Hornisgrunde, ou

Grensberg, noms qui rentrent dans la catégorie des précédents et tout aussi peu agréables.

Il ne m'étonna point de retrouver le lac Noir, autrefois *lacus Mirabilis*, en allemand *Mummelsee*, en français *lac des Ondines*; mais ce qui me surprit fut d'y apercevoir un homme qui paraissait attendre que l'heure de minuit sonnât pour assister aux cadences voluptueuses des Ondines du lac. Assis sous les gigantesques sapins qu'un vent rude et salutaire fait éternellement tressaillir, il contemplait cette eau morte et stagnante, et semblait converser en lui-même avec des groupes de nénufars tremblants.

Au crissement de la terre sous mes pas, il leva les yeux. — Il pleurait.

J'avoue que je n'ai jamais pu ou su pleurer, et c'est bien malheureux pour moi, car c'est un fort bel art que de savoir pleurer. Mais je suis le plus froid et le meilleur des hommes, et j'ai la très-sotte habitude de tourner tout en ridicule, en sorte que mon premier mouvement fut de rire intérieurement de ces larmes.

1.

Cet homme était jeune; et comme il me regardait toujours, je crus qu'il tenait à ce que je visse ses pleurs. S'il avait su ce que j'en pensais!

Je le saluai et lui demandai gravement comment il se portait. — Il parut étonné de cette marque d'intérêt, et, croyant sans doute à ma sincérité, son visage en devint plus triste.

— Vous avez donc perdu au jeu? lui dis-je.

— A un jeu bien cruel, me répondit-il avec toute la mélancolie qu'il put prêter à sa voix.

— Tous les jeux, lui répliquai-je, ne sont cruels qu'autant qu'on les engage; votre douleur ne vient donc que de vous, et c'est vous seul qui vous l'êtes créée. — Avez-vous perdu beaucoup?

— Croyez-vous donc que je pleurerais de l'argent, me dit-il presque avec colère, ma foi! — Qui êtes-vous? Que voulez-vous? Pourquoi m'interroger? Ne savez-vous pas ce qu'on pleure à mon âge?

— Ah! ah! je comprends... un amour?...

Peut-être vaudrait-il mieux pleurer de l'argent.

Il fit un bond sur son tapis de mousse et m'examina presque avec frayeur.

— Ne vous inquiétez point, lui dis-je : je suis le plus froid et le meilleur des hommes.

Il ouvrit de grands yeux étonnés. Je vis que ses larmes séchaient déjà. C'était bon signe : son esprit abandonnait sa pensée première.

— Vous pleurez, continuai-je, et vous avez tort de pleurer. Jamais avez-vous réfléchi à ce que vous faites sur terre, comment vous le faites, et pourquoi ? Avez-vous, une fois au moins, songé à votre nature ?

— Nature étrange que la nôtre ! dit-il, faibles jouets que nous sommes ; myrmidons ridicules, dont les pas incertains grimpent avec sueur aux fragiles échelons de la vie ; cirons gonflés d'orgueil, risée de nous-mêmes, hochets de Dieu ; existence semée d'espérances constamment illusoires, les dégoûts nous saturent le cœur, que notre âme espère encore. Qu'espère-t-elle ? mon Dieu ! Si parfois des rayons de bonheur nous éclairent, que de déboires qui nous rongent de leurs dents venimeuses! Espérer! Désespérer, plutôt. Chaque pas que nous faisons dans la vie est marqué d'une tache de sang dont nos pieds déchirés teignent les ronces du chemin.

— Ah! mon Dieu, m'écriai-je en l'interrompant, que venez-vous de me débiter là! C'est une vraie phrase de roman que vous avez lue, sans doute, dans une papillote de votre chère maîtresse. Par grâce, soyez plus naturel et parlez simplement. Il est heureux que j'aie toute la patience du plus froid et du meilleur des hommes. Songez donc que si un autre que moi vous eût entendu!... Vous avez bien souffert?... C'est encore par votre faute. Qu'est-ce donc que votre vie?

— La vie pour moi, c'est la souffrance. Que serait la mort, la mort pour avoir trop aimé? Qu'est-ce donc que l'amour, qu'une source de plaisirs et de peines, d'affliction et de bonheur? Inexplicable sentiment qui nous fait chérir notre mal presque au delà de notre enivrement. — J'ai aimé, j'ai souffert; c'est bien. J'ai monté jusqu'au faîte des jouissances que je croyais sans bornes ; — mais, en voulant monter encore, j'ai chuté dans le vide. Je me suis relevé mortellement blessé. J'ai pleuré ; mais les hommes ont raillé de mes larmes ; je me suis plaint, ils ont ri de mes gémissements. Leur ironie dissimulait peut-être une même infortune qu'ils voulaient dérober au mépris de leurs semblables. N'est-on pas d'accord de cacher, sous le voile du vice, la vertu qu'on n'ose avouer de peur de la livrer au ridicule ? — Spécieux faux-fuyant pour le fourbe !

— Deuxième papillote. — Dans votre intérêt, et je vous parle sincèrement, quittez à jamais ces sortes de phrases ; je sais que la tristesse aime les grands mots creux et ronflants ; mais, avant tout, il faut être humain et éviter l'épilepsie à ceux qui vous écoutent.

— Ne vous offensez de rien de ce que je vous dis, vous savez que je suis le plus froid et le meilleur des hommes, et je donnerais beaucoup à vous voir guéri. — C'est une cure que je veux entreprendre.

— Vous ?

— Moi. — Et je ne désespère pas d'y réus-

sir. — Nous nous sommes rencontrés ici ;
cela prouve que vous aimez le grand air, —
moi aussi ; vous ne voulez pas, j'imagine,
tenter de retourner ce soir à Baden : la nuit
vous empêcherait de descendre. — Elle est
fort belle. Le ciel qui s'illumine au-dessus de
nos têtes ne vaut-il pas vos rideaux de dentelle ? L'air pur et cette senteur sauvage ne
sont-ils pas préférables aux miasmes d'un
hôtel, et la fraîcheur de la nature qui nous
lave l'esprit n'est-elle pas enivrante ? —
Avez-vous peur de moi ? Vous êtes jeune et
fort. Est-ce que je vous connais ? Sais-je si
vous avez sur vous une fortune qui vaille un
coup de poignard ? Et quand même la mort
serait près de vous, si votre temps passe à
larmoyer sans cesse, inutile aux hommes,
homme que vous êtes, à la nature qui
vous nourrit, au monde où vous prenez place, qu'importe ! Mourez donc, et
meurent comme vous tous ceux qui vous
ressemblent !

La lune, cette grosse lanterne, nous tombait en plein visage. J'aperçus que mon
compagnon avait le sien plus surpris qu'in-

quiet, et je lui sus gré de ne point trahir de frayeur.

—Écoutez, me dit-il, peut-être qu'en toute autre disposition d'esprit que celle où je me trouve je ne supporterais pas vos paroles ; mais je vous écouterai jusqu'au bout. Aussi bien j'avais besoin d'un être à qui je pusse parler sans crainte, soyez-le donc ; un autre vaudrait-il mieux que vous ?

— De cette dernière phrase, j'infère que vous n'êtes pas complétement dénué de raison ; car, en effet, qui vaudrait mieux que moi ? Personne, — ou comment le prouver ? — Vous voyez que je tiens un peu de J. J. Rousseau. — Je vous avertis que je suis bien aise, en parlant, de jeter par-ci par-là quelques traits de mémoire, pour donner à entendre que j'ai lu quelques livres ou de quelques livres. — Cela fait bien. — Quoi de plus attrayant que les épigraphes ? Je vous en dirai probablement quelques-unes que j'ai ramassées je ne sais où. Comme Pascal, je n'assure pas que j'ai lu entièrement tous les livres dont je parlerai, mais au moins de tous les livres ; si ce ne sont pas ses paroles, c'est le sens de sa phrase, et je suis bien trop paresseux pour aller chercher le volume à la bibliothèque du Cercle.

Je vous disais donc que j'allais entreprendre de vous guérir ; et sans m'inquiéter de la nature de votre amour, puisque toutes les amours sont les mêmes, leur but étant le même, je vous fais cette question : qu'est-ce que l'amour ? — Vous ne répondez pas ? — Vous êtes embarrassé ?

— L'amour est le plus noble sentiment.

— Paroles en l'air, s'il vous plaît ; tout sentiment qu'éprouve un homme peut être, à son point de vue, le plus noble sentiment ; il appelle toujours ainsi ce qu'il ressent au plus haut point. — Permettez-moi de traduire ma pensée en disant : l'amour est l'idéal de l'Égoïsme.

— Ah ! taisez-vous ; pour en parler ainsi, vous ne l'avez jamais senti.

— Au contraire, et je ne parle que d'expérience.

— Quoi ! la passion la plus pure, la plus noble, la plus sainte, la plus désintéressée ? — Égoïsme ! lorsqu'on ne songe qu'au bonheur de l'être aimé ? — Égoïsme ! lorsqu'on sacrifie tout pour lui ? — Égoïsme ! quand on donne sa vie pour sa moindre douleur ?

— Arrêtez-vous, arrêtez-vous ; — vous retombez dans les papillotes. — Écoutez ce qu'est l'amour en toilette : *L'amour est l'aile que Dieu donne à l'âme pour remonter à lui.* — C'est d'un contemporain. — Le voici, maintenant, nu comme la vérité : *L'amour, tel qu'il existe dans la société, n'est que l'échange de deux fantaisies et le contact de deux épidermes.* — Reconnaissez-vous le coin de Chamfort ? — Et ce ne sont encore là que des phrases. — Je vous l'ai dit : l'amour est l'apogée de l'Égoïsme. — Je n'ai point aimé, croyez-vous ? — Qu'importe ! — J'ai pensé trop tôt ; la déception ne m'a jamais atteint. J'ai fouillé toutes choses, j'en ai vu le néant ; l'expérience a vérifié les idées que je m'étais formées tout d'abord. Les hommes sont aujourd'hui, pour moi, des marionnettes que je dispose à ma guise ; je découvre les fils qui les agitent, et, comme caché dans les coulisses d'un théâtre pendant qu'ils mentent sur la scène, je les vois se musser chaque jour dans de grands sentiments dont ils désavouent tous l'essence : eux comme vous, vous comme eux. — Ce qui n'empêche pas que je ne sois le plus froid et le meilleur des hommes.

— Si je ne fais que des phrases, vous ne dites qu'un mot et vous ne prouvez rien. — Que serions-nous si nos plus purs tressaillements n'étaient remplis que d'Égoïsme ?

— Ce que nous serions ? — Ce que nous sommes. — Le Créateur a placé l'Égoïsme dans le bien comme dans le mal, afin de nous forcer au bien, que peut-être nous ne ferions pas sans y être contraints, et que nous ne faisons que pour nous, que parce que nous n'aimons rien autant que nous. — Ce que nous sommes ? Limon, partie indivise de la terre, puisque terre nous naissons et nous mourons terre ; celle-ci engraisse nos corps qui la vont engraisser à leur tour ; à elle, qui nous porte, nous donnons notre chair ; nos prières à Dieu si nous désirons ses secours. Rien ne se fait pour rien : la mort jette nos corps à la terre en récompense de ce qu'elle a fait pour nous ; Dieu se paie lui même. — Il créa l'homme *physique* et le conduisit à servir ses besoins par son travail ; les maux de l'homme découlent de ses désirs, de ses vices, jamais de ses besoins réels ; son bien-être dérive de son Égoïsme.

— Affreuses paroles que les vôtres et triste égarement !

— L'Égoïsme est inné au cœur humain ; retranchez-le de la nature, et bientôt croulera le monde dans un épouvantable chaos.

— L'homme est né capable de tout faire, parce que tout se rapporte à son intérêt personnel ; toutes ses actions n'ont que ce but.

— Quoi ! l'Égoïsme est le cœur de l'homme ? Quoi ! vous avez votre raison, et vous dites que le sentiment le plus vil est la seule passion humaine, quand tous les hommes n'ont qu'une voix pour le flétrir ?

— Ils font comme le grand Frédéric : ils crachent dans le plat pour en dégoûter les autres. — Si vous trouvez la phrase un peu triviale, je vous renverrai à Voltaire de qui je la tiens.

Mais vous confondez. L'Égoïsme, étant un sentiment qui résume tous les autres, a, nécessairement, deux voies distinctes : le bien et le mal ; — et voyez quelle mauvaise opinion j'ai de vous, puisque je pense que vous ignorez que la cause du bien c'est le mal.

— Je doute qu'il y ait au monde deux hommes comme vous, et j'espère qu'ils n'existent pas.

— Consolez-vous, je n'ai point d'enfants ; vous savez que je suis le plus froid, etc. — Consolez-vous surtout en apprenant, ce qui vous étonnera peut-être, que si je suis égoïste au superlatif, vous l'êtes tout autant que moi, plus même, car vous aimez.

— Et vous, n'aimez-vous rien ?

— J'aime Dieu.

— C'est le seul mot que vous ayez prononcé sans ironie.

— Sans doute, parce que Dieu est mon maître.

— Et s'il ne l'était pas, vous ne l'aimeriez point ?

— Peut-être.... puisque je suis homme ; et je l'avoue sans honte, car la créature humaine est ainsi faite. — Si je ne croyais pas fermement à la vie éternelle, car j'y crois et je tâche à la mériter, sans qu'il vous le paraisse, — s'il me fallait supporter les sévices humains dans le seul but de plaire à Dieu, sans une récompense que je crois assurée, je doute que moi, humble coupable, aussi bien que les plus grands saints, que les hommes, en un mot, nourrissent uniquement cet amour, tant il est vrai que nous ne souffrons volontairement qu'en vue d'un bien qui nous semble plus désirable que notre souffrance n'est pénible.

— Voyez, pour un instant mes larmes sont taries ; vous avez endormi ma douleur, et cet amour que vous montrez pour Dieu me réconcilie presque avec vous, et me pousse à croire que vous ne voulez qu'essayer de chasser mon amour ou, du moins, de l'effeuiller ainsi, pour qu'il perde son parfum.

— Vraiment, vous êtes dans une grande erreur ; je n'ai pas l'habitude de prendre des chemins détournés ; je vais droit au but, et ce que j'avance, je le prouve.

— Vous oseriez prétendre que mon amour est égoïste ?

— Oui, — mais surtout ne vous enflammez pas, la colère m'a toujours paru d'un ridicule achevé. Plus un homme s'emporte, plus je m'en égaie : car la colère lui fait débiter des sottises, des contre-sens, des mots énormes, à remplir des boisseaux, sans parler des contorsions et des grimaces qui l'enjolivent comme une contrefaçon belge un ouvrage français. Pour moi, tout homme pris de colère est pris de vin, et je le déclare sot à trente-six carats. — Ah! si vous aviez vu le cardinal Dubois dans un de ses accès! il ne pouvait plus toucher terre; il sautait aux meubles, aux fenêtres, aux portes, — et jurait! — un cardinal! — mais c'était sous la Régence. — Il en vint à ce point qu'étant accablé de travail, et n'ayant plus le temps de se livrer à ses emportements, il prit un commis à voix forte pour jurer près de lui, se figurant ainsi qu'il jurait lui-même.

Oui, je veux vous prouver que votre amour est égoïste, mais il faut procéder par ordre, et, auparavant, établir que l'égoïsme est nécessaire; que le mal naît du bien; le vice, de la vertu. Après, nous en distinguerons le détail, et tâcherons d'arriver à l'analyse des sentiments qui forment la base de la nature humaine, c'est-à-dire : l'amour de Dieu, l'amour maternel et filial, l'amour et l'amitié. Ce sont les quatre points cardinaux qui nous guideront constamment pour parcourir ce monde étrange qu'on appelle : le cœur, soumis chez tous les hommes au même tyran qui a nom : l'Égoïsme.

Je vous engage à m'interrompre, si j'avançais un point qui ne fût pas compris de vous, et à me forcer sur-le-champ à vous le rendre clair comme l'existence de Dieu. Je vous promets de faire état de toutes vos paroles et d'y répondre, sans m'ingénier à vous aménager des phrases gonflées comme les vôtres, dont, heureusement, je ne me souviens plus. — Croyez que ce n'est point affaire à vous de larmoyer sans raison sur une chose aussi frivole que ce qu'on nomme amour ; et si vous saviez, dès cette heure, quel mobile vous pousse à gémir, vous ririez comme moi de vos pleurs égoïstes : car vous ne pleurez que pour vous. Qu'est-ce donc ? je vous prie. Vous faites-vous un visage pâle et mélanco-

lique, et prenez-vous un air de poëte effilé?
Ne voulez-vous qu'exciter chez les autres une
pitié ridicule? Ne vous mettez-vous point à
parler comme un homme attaqué du poumon,
et ne marchez-vous pas comme un saule
pleureur? — Au moins, avez-vous à l'esprit
quelques pensées bien tristes à psalmodier en
guise d'aphorismes? quelque lamentation de
Job ou de Jérémie? quelques vers étrangers
que vous ne compreniez pas? — Parlez, j'ai
tout ce qu'il vous faut; mais soyez bon acteur.
Vous ferez votre entrée dans un salon rempli
de jeunes filles, soi-disant ingénues, dont les
têtes sont farcies des poésies de l'homme le
plus éminent et le plus noble de l'époque.
Vous commencerez ainsi :

*Or Laban avait deux filles, dont l'aînée s'appelait Lia, et la plus jeune Rachel.* (Genèse,
chap. XXIX, v. 16.)

*Mais Lia avait les yeux chassieux, au lieu que Rachel était belle et très-agréable.* (Genèse,
chap. XXIX, v. 17.)

*La vie de l'homme sur la terre est une guerre continuelle, et ses jours sont comme les jours d'un mercenaire.* (Livre de Job, chap. VII, v. 1.)

*Ainsi, je ne vois dans ma vie que des mois vides et sans fruit, et je n'y compte que des nuits pleines de travail et de douleur.* (Livre de Job, chap. VII, v. 3.)

*Pourquoi ne suis-je point mort dans le sein de ma mère? Pourquoi n'ai-je point cessé de vivre, aussitôt que j'en suis sorti?* (Livre de Job, chap. III, v. 11.)

S'il vous est agréable d'avoir présents à la mémoire quelques mots étrangers, dites, en baissant la tête :

*E forni'o' l mio tempo a mezzo gli anni.*

Devant les hommes, criez avec une sorte de conscience :

*Cur misero lux data est !*

Enfin, si vous montez au paroxysme échevelé, engloutissez votre âme au fond d'un sombre désespoir, et dites, comme pour vous seul, mais assez haut pour que l'on vous entende :

*Dead for a ducat ! Dead!*

Sheakspeare vous sera bon à quelque chose, ne serait-ce qu'à vous tourner en ridicule.

Entendez-vous le cas que je fais des visages pâles et pleureurs?

Homme qui ne rougissez point de vous plaindre comme un enfant! Quelle faiblesse, quel abattement honteux! De quoi vous sert la raison qui vous est donnée par Dieu, de quoi vous sert d'avancer dans la vie? — Et que ne portez-vous des jupons de dentelle, si vous n'avez qu'une raison de femme!

— Ah! que vos paroles sont cruelles, et que vous vous plaisez à me percer le cœur! Je souffre, et vous semez sur moi votre ironie amère; je souffre, et vous ne comprenez pas ma douleur; je souffre, et vous me faites souffrir encore.

— Et je suis cependant le plus froid et le meilleur des hommes. — Peut-être souffririez-vous moins, si je vous demandais de me conter votre amour? Je vous écoute. Je me rappelle avoir essayé de lire l'*Astrée* du marquis d'Urfé; malgré toute la bonne volonté que mon esprit y apporta, je ne le pus achever. — J'espère que votre amour en sera le complément. — Commencez; mais, je vous prie, épargnez-moi les bulles de savon, et soyez bref comme les trois mots de César.

— Quel être singulier, que rien ne puisse arrêter le fiel qui vous déborde ; que tout pour vous soit risée, et qu'une souffrance vraie et profonde n'excite en vous que la pitié !

— Il faut que vous sachiez que je me ris volontiers de tous les sentiments, et, je vous l'ai dit, les hommes sont des marionnettes que je dispose à ma guise ; en eux, je ne vois rien qui me paraisse sérieux ; et, vraiment, il en est ainsi.

Croyez-vous qu'ils ne le voient point comme moi ? Leurs actions, leurs paroles, ne sont que des appâts habilement tendus à la multitude. Tel grand orateur jettera, du haut de la tribune, les discours les plus admirablement travaillés, les pensées les plus apparemment humanitaires, qui ne parlera durant une heure à tous ceux qui l'écoutent ou l'entendent que pour que ceux-ci, à leur tour, parlent longtemps de lui. Tel célèbre écrivain ne fera des volumes que pour étendre au loin sa réputation ; tel fameux philanthrope ne recherchera les hommes que pour leur apprendre son nom ; et tels ils sont tous, qui se moquent ensuite et des hommes séduits, et d'eux-mêmes qui ont su les séduire. La vie, en tant que vie terrestre, n'est donc qu'une risée éternelle, puisqu'on y croit encore à tous ces grands mots creux qui ne renferment que du vide. Si je vous dis : le monde, — c'est moi ; — si je vous dis : la patrie, — c'est moi ; — si je vous dis: la liberté, —c'est moi ; — l'humanité, c'est moi ;—c'est moi, c'est toujours moi, seul point œcuménique de toutes les passions : l'Égoïsme.

— Cette monomanie étrange qui vous tient, j'en veux connaître la raison. Commencez, parlez-moi ; éclairez mon intelligence encore enfouie dans les ténèbres ; que je sois un enfant, c'est bien ; — mais montrez-moi que vous êtes un homme. — Où puisez-vous cet Égoïsme que vous semez à pleines mains sur nos têtes ? Comment ne pensons-nous qu'à nous-mêmes, et pourquoi refusez-vous, enfin, que nous aimions nos prochains comme nous ?

—Établissons d'abord la nature de l'homme, sa création, si vous voulez ; et, pour ce

faire, permettez-moi de prendre un ton de
pédagogue.

La créature est, en principe, essentiellement
*physique*. Dieu forma l'homme de limon, et
après l'avoir animé de son souffle et lui avoir
donné une compagne, il leur dit à tous deux :
*Croissez et multipliez-vous.*—Il ne leur dit pas :
Allez folâtrer dans l'Éden, cueillir des fleurs et
disputer d'amour; mais bien : *Croissez et multipliez-vous.* — Adam creusa la terre à la sueur
de son front; Ève enfanta dans la douleur. Le
principe du monde était posé : l'homme devait
travailler et prendre de la peine; la femme
reproduire l'espèce et engendrer dans la souffrance. L'œuvre divine était toute *physique ;*
et ce qui prouve que l'homme est naturellement physique, c'est que son bonheur général est physique, par la raison que le corps
passe avant l'âme. Cette âme, d'ailleurs, ou
cette intelligence, comme il vous plaira de
l'appeler, est dépendante de son enveloppe
physique ; car il est remarquable qu'elle dé-
périt par le dépérissement du corps. L'âme,
c'est Dieu, c'est le ciel; le corps, c'est l'homme,
c'est la terre; la mort rend à chacun son bien :

3

le corps sans âme, pourriture, limon ;— je ne
dis pas néant, car rien ne s'annihile de ce
qui est ou a été ; tout être, toute chose, se
transmue à sa mort pour revivre sous une
autre forme et dans une autre nature profi-
tante qui prouve l'immortalité de la matière ;
tout ce qui vient de Dieu est et demeure immortel ; la mort, comme la vie, a ses enfan-
tements. Le cadavre devient terre ; le détri-
tus, fumier ; la cendre, produit chimique ;
la flamme, gaz. La mort est une vie éternellement multipliée.

Oui, tout ce qui vient de Dieu est immortel ; et la matière demeurant elle-même in-
destructible, pourquoi douter, l'âme étant un
souffle de Dieu, de l'immortalité de l'âme ?

Mais cette âme, étant notre partie divine,
l'essence de notre nature, notre vie, doit attirer tous nos pensers et presque étouffer en
nous l'inquiétude de ce que deviendra notre
seule matière, et les soucis que nous prenons
de la préserver autant qu'il est possible d'une
transmutation inévitable. Et je n'ai jamais
pu m'expliquer pourquoi vous saluez un
mort ; je dis, vous saluez, parce que ce ne

m'est pas arrivé. — Vous risquez parfois de
gagner un bon rhume pour ce quelque chose
d'informe qui n'a plus de nom dans aucune
langue, comme dit Bossuet. — Réfléchissez
donc qu'un mort qu'on mène en terre est
moins que rien ; ce n'est plus un homme, ce
n'est pas encore du fumier ; et je suis forcé
de répéter le mot de l'illustre évêque : c'est
quelque chose d'informe qui n'a plus de nom
dans aucune langue. — Je vous dis, à vous,
ce que je n'oserais dire aux hommes, de peur
de froisser leur sot préjugé : je trouverais
plus naturel de tirer son chapeau à un étal
de boucherie. — Je m'incline devant la croix
que porte le ministre de Dieu, mais le corps
n'est à mes yeux qu'un moyen de faire travailler le marbre et la terre, — et l'église,
que j'oubliais ! — Et c'est toujours une bonne
pensée que de faire nourrir les vivants par
les morts.

Je soupçonne que les hommes quitteront
difficilement ce préjugé envieilli dans le
monde, et qu'ils ne le garderont que pour la
honte qu'ils éprouveraient à n'avoir pas reconnu déjà l'inconséquence de leur action. Et

vous savez que l'on ne voit jamais que ce que
l'on veut voir, ce qui revient à dire que l'on
garde aussi longtemps que possible une sotte
habitude, de crainte de l'avouer en la quittant.

— La curiosité que j'ai de vous entendre
empêche que je ne me récrie à chacune de
vos paroles ; vous m'aviez effrayé ; grâce au
ciel, vous devenez amusant.

— Je suis bien aise du tour d'esprit qui
vous tient, car vraiment vos palinodies n'é-
taient pas du tout mon fait ; et si vous aviez
persisté à me pleurer toutes vos larmes, j'aurais été contraint, malgré mon bon vouloir,
à regagner Sasbachwalden, ce qui, vu le
moment, eût été fort désagréable.

Laissez-moi mettre à vos yeux la vraie lumière, et ne cherchez pas d'illusions là où il
n'est que des réalités. — Je reprends donc
mon ton de pédagogue.

Vous aimez ; vous ne sentez, à cette heure,
que les tressaillements d'une âme forcément
continente, je le suppose du moins ; vous n'é-
coutez que des intuitions éphémères qui, dé-
gageant votre esprit de toute attache ma-

térielle, le semblent entraîner à des sphères inconnues où vous placez le pur objet de votre amour ; tout ce que l'imagination enfante de chimères, tout ce que les rêveries les plus tenaces créent d'illusions, tout ce que l'égarement de la souffrance produit de pensées abortives, tout cela est en vous qui devenez le chaos où bruissent toutes les voix intérieures. Je vous ai dit que l'Égoïsme est le mobile unique de toutes nos actions ; je le répète, et pourquoi n'en convenir pas ? Égoïsme et intérêt sont deux équipollents intrinsèques ; il ne s'agit point ici de masquer les sentiments et de leur donner de faux noms. — J'ai connu, à la cour de Louis XIV, une femme admirable : la comtesse de T.... Le respect me force au silence. — Une nuit de bal, poursuivie par le marquis de B...., elle consentit enfin à l'agréer chez elle, à la condition qu'il ne la verrait point, et que l'appartement où elle le recevrait serait clos de toutes parts. Il accepta. — Le lendemain, il me confia que cette femme, si charmante et si favorisée, n'était qu'un horrible squelette dont le souvenir l'effrayait encore. —

3.

Ce squelette, c'est l'Égoïsme ; mais que la femme se déguise et paraisse, à la cour, orgueilleuse de ses charmes, l'Égoïsme s'appelle alors : Vertu, Désintéressement, Bonté, ou toute autre excellente qualité. La devise de Louis XI a toujours été humaine : *Qui nescit dissimulare nescit regnare.* — Car, je vous prie, allez dire à une femme que vous l'aimez par Égoïsme, elle vous méprisera (peut-être), bien que ce ne soit que par Égoïsme qu'elle aimera son premier amant ; je dis son premier, car une femme ne connaît jamais son dernier, et il serait impoli de supposer devant elle qu'elle en a eu ou qu'elle en a plusieurs.

L'homme doit voir le vrai des choses, et ne pas nourrir les chimères dont son imagination plus ou moins créatrice vient échauffer ses sens ; toutes ses pensées qui l'éloignent de la terre, toutes ses créations physiques ou morales qui le font dévier de son cercle tracé, l'élèvent, pour un temps, à une atmosphère trop douce pour être vraie, trop pure pour être réelle. Mais qu'il abandonne ce monde qu'il se crée, qu'il redevienne l'être positif

de la nature, qu'il cherche à sentir et qu'il
sente le fond véritable des choses, il n'y voit
que l'Égoïsme, passion unique et primitive
semée par Dieu dans tous les hommes.

Vous paraissez stupéfait ; je vous conseille
de ne vous pas étonner ; chez moi c'est un
parti pris, et vous auriez un poignard à me
mettre à la gorge, que je dirais..... que vous
avez raison ; mais je marmotterais tout bas :
*E più si muove !* — Je vous soupçonne d'être
un peu bien admirateur d'effets sans causes.

Tout en conversant avec cet inconnu, je
voyais sa douleur s'apaiser ou s'endormir ;
aussi faisais-je en sorte de parler toujours,
afin de la suspendre le plus longtemps possible, espérant arriver plus tard à l'étouffer
complétement, — car je suis le plus froid et
le meilleur des hommes.

Je repris :

Comptez avec moi, et remarquez que j'as-
simile les contraires : la Justice et l'Arbitraire ; l'Indifférence et l'Amitié ; l'Amour et
la Haine ; la Vertu et le Vice ; l'Athéisme et
la Piété : tout naît de l'Égoïsme. Sans doute,
vous niez ce principe, et tout ce qu'il y a

d'hommes sont comme vous. Ah! cœurs fermes ou tremblants, raisons fécondes ou stériles, têtes jeunes ou chenues, hommes forts ou débiles, — insensés! bercez-vous de chimères pour que votre âme, enivrée de mensonges, se torde, enfin, de désespoir et de douleur, quand la nuit fera place au jour, le mensonge à la vérité. Vous marcherez dans la vie, pleins de ces illusions, les recherchant même, les suivant en tremblant de bonheur; vous surgirez au faîte de cette jouissance trompeuse en ressentant avec amour l'éréthisme de votre cœur; puis, quand sonnera l'heure de vous trouver face à face avec la réalité, alors commencera pour vous une horripilation à sueur froide, le déchirement de vos fibres les plus sensibles; vos yeux s'ouvriront, mais trop tard, effrayants de douleur; votre âme se brisera tout à coup, et vous vous étonnerez de n'avoir, à la place de vos sensations enivrantes, qu'un misérable cœur atrophié.

Formez-vous, jeune encore, aux vérités du monde; ne vous laissez point entraîner, par les livres ou les discours, à leurs déviations

dangereuses : ils façonnent un monde idéal,
impossible. — Si peu que l'on raisonne, on
découvre que chaque action a le même principe et le même but. L'homme cherchant son
bien-être, ou plutôt ce qu'il croit son bien-
être, suit l'impulsion de ses penchants, et
toujours ses actions tendent à son intérêt
personnel, donc à l'Égoïsme. Cette passion
perçoit le tribut de tous les êtres, depuis l'enfant qui laisse tomber de sa petite main
blanche le denier qu'il donne au pauvre, jusqu'à l'avare qui broie son or sous ses doigts
maigres et crispés ; depuis le solitaire pieux
qui, sous son toit de boue, se lacère le flanc
de ses verges de cuir, jusqu'au fastueux seigneur qui, dans son royal domaine, étale
aux yeux de tous les pompes de sa monda-
nité. — Ne vous embarquez point pour combattre, vous échoueriez au port, car les
preuves que j'ai contre vous sont celles que
vous n'avez pas contre moi.

J'espère vous avoir ravi le cœur, et que
mes grosses phrases sont bien à votre goût.
— Je me souviens qu'un jour je voulus,
comme la Bruyère, imiter le style de Mon-

taigne ; j'en écrivis deux pages qu'aussitôt faites je lus ; au dernier mot, je partis du plus formidable éclat de rire que j'aie entendu de ma vie ; ce n'était qu'un galimatias ridicule, bon, au plus, à mériter un prix d'Académie, aujourd'hui qu'elle en donne au patois langoureux.

Voyez, je suis d'une impolitesse sans pareille : je ne vous laisse point parler ; mais je tiens à établir ma base générale ; lorsque nous en serons à monter l'édifice, vous me remettrez en chemin si, par hasard, je me dévoie.

Je vous ai dit, à votre naïf étonnement, que la cause du bien c'est le mal. — Vous souriez, — et vous avez pitié de moi, sans doute ; — cela prouve votre bon cœur. — Mais elle est inutile, puisque d'avance vous avez le tort que vous m'attribuez en vous-même.

Le vice, dites-vous, n'enfante pas la vertu ? Pourquoi donc, répondez, pourquoi sommes-nous vertueux, si ce n'est dans la crainte du vice, ou plutôt, car l'Égoïsme arrive sans que ma voix l'appelle, dans la terreur des châti-ments que sème le vice après soi ? Si nous faisons le bien dans l'appréhension des suites funestes du mal que nous pourrions faire, n'est-ce point au vice que nous en sommes redevables? Et peut-être me trompé-je encore, c'est dans l'espérance intéressée que nos bontés sur la terre nous attireront celles du ciel. C'est donc le vice qui nous force au bien, et je dis : qui nous force; car la pente est douce et rapide qui nous entraîne au mal, et dur le sentier qui touche à la vertu. Oui, le bien naît du mal. Écoutez : le prêtre gagne sur la mort; le soldat, sur la guerre (ce qui est à peu près même chose); le médecin, sur la maladie; le commerçant, sur le vol; la bonté, sur la souffrance; le dévouement, sur les malheurs fortuits; la grandeur d'âme, la clémence et la gloire, sur la défaite.

Toutes ces paroles, que vous ne vous expliquez point, ne sont encore que les matières premières du grand œuvre. C'est demain que nous mettrons au feu le creuset pour la transmutation de toutes les passions en un lingot d'Égoïsme.

— Non, le monde n'est pas ainsi pétri de

boue; les sentiments de l'âme l'exhaussent bien au-dessus de la fange où vous l'engloutissez. Croyez-vous donc que je donnasse ce nom à l'amour, croyez-vous que ce que je ressens de plus pur, je l'assimilasse jamais, si je vous écoutais longtemps, aux sensations grossières qui répugnent à l'âme? Encore que les penchants de l'homme l'inclinent vers les sens, il n'est pas à dire que tout en lui s'y donne, et qu'il ne garde au fond du cœur des battements qui le reportent à d'immatérielles pensées.

— Papillotes, papillotes! — Je vous en prie, n'en dites pas davantage; vous êtes un enfant.

Je ne sais quelle heure il peut être, mais j'avoue que je me suis presque endormi en parlant. — Si donc vous n'y voyez aucun empêchement, vous me permettrez de reposer quelques heures; aussi bien le manteau du ciel est ouaté cette nuit, et me semble fort doux; je suis sincèrement honteux de la liberté que je prends, mais le sommeil est chez moi une habitude que je n'ai jamais voulu sacrifier; n'allez pas croire, au moins, que ce soit un préjugé comme celui de saluer les corbillards: les hommes, si entichés qu'ils soient de cette coutume, l'abandonneraient plutôt que de ne pas dormir; entre nous, ils feraient bien de commencer tout de suite. — Bonsoir donc. — Demain nous commencerons l'analyse par l'amour, afin que vos yeux ne se rougissent pas davantage; ce qui n'a rien de positivement beau ; et vous verrez qu'encore qu'il porte en soi la senteur la plus douce, il n'en demeure pas moins un sentiment brutal, et par la cause et par le but. — Croyez-en le plus froid et le meilleur des hommes.

En me couchant de mon mieux sur la mousse, je jetai un coup d'œil sur le visage de mon voisin ; la lune voulut bien me prêter sa lumière, et je vis les yeux du pauvre homme fixés tellement sur les tiges de nénufar, que je crus qu'il invoquait mentalement les Ombres du Mummelsee pour passer le reste de la nuit dans les sarabandes des légères ondines.

4

# CHAPITRE II

Quand je rouvris les yeux, le soleil m'avait
prévenu, et déjà dardait au cœur des nym-
phéas ses rayons forts et brûlants. Je me levai de ma couche moussue, et vis à mon côté
le pauvre larmoyeur, bercé encore dans les
bras de la belle Smarra.

— Vrai Dieu ! lui dis-je en l'éveillant, eh !
que faites-vous là ? Vous oubliez bien vite
votre rôle, et qu'il est d'usage, quand on est
amoureux, de ne dormir pas, du moins devant le monde, car il est entendu que l'on
dort comme un autre lorsque personne ne
regarde. — Il montra de grands yeux ébau-
bis et me regarda fixement comme si j'eusse
été quelque monstre enfanté de la nuit.

— Bon ! vous n'êtes pas trop malade ; nous
allons rentrer à Baden ; et si vous ne trouvez

rien de plus agréable, vous viendrez avec moi jusqu'au chemin de Rothenfels incruster votre nom dans la croix de Keller. Si je ne vous prie pas à être mon convive, c'est qu'un verre d'eau est un peu maigre, et que j'ai peur que votre amour ne se nourrisse pas autrement. Pourtant, je me ferais un plaisir de vous voir accepter et le pain et le sel, et vous consentirez, j'espère, à me combler de cette joie.

Encore entortillé dans ses langes, l'enfant ne sut que répondre, et, marchant sans mot dire, nous dévalâmes les rochers au milieu d'une armée de lézards.

Nous approchions de mon hôtel, quand je me sentis le bras si fortement serré, que je fis un bond sur moi-même : c'était mon inconnu qui se livrait à cette distraction, sans doute pour essayer ses forces.

— Vous êtes bien nerveux, lui dis-je. Est-ce un tic ?

— Pardon, me répondit-il tout tremblant et tout pâle : regardez devant nous.

— Je vois une fort jolie femme au bras de sa fille plus belle encore. Je suppose qu'Horace avait le don de l'avenir, car ce ne peut être que pour elles qu'il fit ce vers intraduisible :

O matre pulchrâ, filia pulchrior !

Mais j'ignorais qu'une jolie femme pût causer de l'effroi, et nous allons, si vous le voulez bien, les saluer comme le méritent des personnes de leur qualité.

— Non, me dit-il en m'entraînant ; fuyons vite.

— Prenez garde ! A toujours regarder une femme ou à toujours éviter ses regards, la conséquence est la même, et vous vous trahissez. Quant à moi, je ne puis m'exempter d'un devoir, et je la sais trop pleine de bonté pour lui faire l'impolitesse de ne la saluer pas.

— Vous la connaissez donc ?

— Au moins autant que vous.

— Qui vous dit que je la connaisse ?

— Cette phrase suffirait, si le noir, dont vous m'avez marqué le bras, déjà ne m'en avait donné la preuve.

— Éloignons-nous, je vous en prie.

— Écoutez-moi : trop montrer son amour à

4.

l'objet que l'on aime est lui donner la part trop belle et ne lui laisser rien à faire. Si vous aimez et pour elle et pour vous, qu'est-il besoin qu'elle vous aime? Feignez donc, au contraire, de l'aimer un peu moins, afin qu'elle vous aime un peu plus. Vous comprenez que je parle en me mettant à votre place, et que je ne vous parle ainsi que parce que vous ignorez encore ma théorie d'amour. Plus tard, nous changerons de langage; car, dans l'espace de quelques jours, si vous voulez m'entendre, vous deviendrez vieux comme moi, et raisonnable. Je n'ose pas croire, cependant, que vous me ressemblerez au point d'être le plus froid et le meilleur des hommes. Prenez donc votre grand courage, et soyez persuadé que cette jeune fille ne ressent rien pour vous.

Je fus au moment d'éprouver une seconde pression, plus terrible que la première. Je saluai humblement la comtesse de Neuville et sa fille, et *nous fûmes enchantés de nous voir.* C'est une phrase reçue et à deux sens, qui signifie aussi bien ce qu'elle veut dire que tout le contraire.

Mon voisin avait un air benêt incomparable qui menaçait de tourner à la pluie; la
jeune fille dissimulait mieux, mais on voyait
à son visage la trahison de son esprit ou de
son cœur. A la grande joie de nos deux igno-
rants, je décidai avec la comtesse que nous
nous reverrions au bois de Kuppenheim, où
je lui devais conter l'histoire de la Croix de
Keller. Mon estomac donna ses ordres à mes
jambes, et, quittant la comtesse, nous fûmes
déjeuner.

— Merci, me dit presque sincèrement mon
voisin, en me tendant la main : vous prouvez
que vous êtes le meilleur des hommes.

— Et le plus froid, répondis-je sans lui
tendre la mienne ; car si vous supposez que
j'ai parlé pour un autre que pour moi, vous
êtes dans une erreur étrange. Ne vous ai-je
point assez dit que tout se fait par Égoïsme,
et croyez-vous que j'eusse pu agir autrement? Votre remercîment provient de la
même source. Nous ne nous devons donc
rien. Ne vous étonnez pas, mon Dieu ! la
moindre chose vous surprend; plus tard, je
vous expliquerai tout.

Telle est la nourriture du corps, du cœur, de l'esprit et de l'âme, lui dis-je en me levant de table ; les choses les plus grossières entretiennent les plus divines, par la raison, vous le savez, que l'âme tient au corps. — Si la comtesse de Neuville ne nous attendait pas, j'entamerais déjà mon chapitre ; mais, comme j'espère qu'elle nous quittera bientôt, nous aurons tout le temps de causer dans le bois.

—

—Madame, cette croix de pierre qui frappe vos regards contient une légende que je vous veux conter.

A la fin du XVe siècle, le margrave Christophe se fit construire, au sommet de la colline de Baden, un château magnifique qu'il vint habiter avec toute sa suite, en laissant sa mère, deux dames d'honneur et un jeune gentilhomme, dans son antique résidence en ruine. Ce gentilhomme, nommé Keller, était de la famille des fameux barons de Keller dont je n'ai jamais entendu dire un mot. Le castel neuf s'appelait Kuppenheim, dont le bois

où nous sommes tient son nom. Le prévôt du
margrave, M. de Tiefenau, possédait une fille
charmante, M^lle Clara, si vous le permettez,
bien que ce nom soit un peu vulgaire aujourd'hui : ce sont les véritables ; l'on a fait
tant d'enfants depuis lors, qu'il n'est pas
étonnant que ces noms se soient tant popula-
risés. Cette jeune fille était fort belle et du
goût de Keller — la beauté est de tous les
goûts ; — mais le prévôt, peu jaloux de confier Clara à la tutelle du chevalier, jugea qu'il
était bien de séquestrer soigneusement le re-
jeton fragile. — Hélas! le siècle ignorait
encore l'électricité ; le pauvre homme ne sa-
vait pas que certains corps comprimés ac-
quièrent la vertu d'en attirer d'autres : le
cœur de Clara était du nombre. Keller se prit
pour elle d'un *violent* amour, comme ils sont
tous, et chaque soir, malgré l'Argus et ses
verroux, Hercule filait aux pieds d'Omphale.
Pour aller d'un castel à l'autre, le chevalier
traversait bravement et seul cette forêt
druidique. Un soir, minuit sonnait au château, minuit, l'heure des impossibles ; Keller
arrivait à l'endroit où nous sommes. Tout

à coup, il crut voir un fantôme, une femme en linceul, assise au bord du chemin..... comme vous, comtesse.

— Taisez-vous! — Je ne veux pas mourir encore.

— Pauvre jeune poëte!

— Keller?

— Non pas, — André Chénier. — Le chevalier s'approcha; mais peu à peu s'évanouissait la forme, et, lorsqu'il fut à la place même, il ne vit plus qu'un reste de nuage qui disparut entièrement. — Vous pensez bien que Clara jouait de malheur; car son amour était dans le plus grand péril, cette apparition ayant absorbé l'esprit et le cœur de Keller. C'est ainsi que nous sommes: un feu follet qui passe n'a qu'à souffler sur nous pour éteindre d'un coup *le plus profond* amour et ne nous laisser plus qu'une désillusion, pour nous hommes qui n'aimons que le surnaturel; pour vous, mesdames, un éperon d'or suffit, un babil ampoulé, tout ce qui se rapproche de la coquetterie; il ne vous faut que la surface, vous avez peur de regarder au fond du gouffre, et peut-être avez-vous raison. — J'ai connu un des meilleurs avocats de Paris : une fois, il avait à plaider une cause célèbre, et la partie adverse, apprenant qu'il devait porter la parole, abandonnait la plainte; mais le procès devait avoir son cours. C'était en été : il arrive à l'audience, prend siége, et commence à parler. — Que je vous dise, auparavant, qu'il avait un nez admirable, un nez comme on en voit peu, et long comme un mauvais poëme. — J'assistais aux débats. — Durant un quart d'heure, il parla comme Démosthène, que je n'ai ni entendu ni lu ; ses adversaires paraissaient foudroyés. Mais je remarquais qu'une mouche impudente venait insolemment se placer sur son nez, et le forçait d'y porter à chaque instant la main pour l'en chasser; peu à peu, ses yeux devinrent inquiets, le rouge lui couvrit le visage, la colère monta : ses gestes trahissaient une impatience mal contenue, sa voix s'embarrassait, ses idées devenaient obscures, sa mémoire fit défaut; — bref, il perdit le procès. — Et pour quoi? pour une mouche. — Le fantôme fut la mouche du chevalier. — Le lendemain, à la même heure,

Keller repassa et revit l'ombre; il s'approcha,
elle disparut. — A l'aube, il fit creuser la
terre à l'endroit de l'apparition, et l'on en
retira un petit autel romain consacré à la
dryade du bois qui, sans doute, était repré-
sentée par un buste de femme qui gisait au
pied de l'autel. Ce marbre était d'une beauté
rare ; les bras et la partie inférieure du corps
manquaient; mais la tête, jeune et idéale,
était admirable et tenait en extase. — Je n'assure rien ; — on le dit. — Keller fit relever et
l'autel et le marbre, et, depuis ce temps, on
nomma la statue : l'image de Keller. — Et
l'amour de Clara ? — Oh ! il l'aimait toujours
éperdument ; — mais jusqu'à nouvel ordre,
il n'y pensait plus. — Le chapelain du margrave, qui apprit l'aventure, conseilla au
chevalier de ne plus traverser le bois, et surtout de ne s'arrêter plus devant ces restes
profanes. — Promettre et ne pas tenir, c'est
un plaisir. — Le chevalier revint une fois,
une dernière, il se le promettait, mais ne
croyait pas dire vrai. — Toujours à minuit,
il arriva ; — la statue était animée et avait
retrouvé ses jambes et ses bras ; elle tournait

le dos à l'autel. Keller, presque effrayé, mais entraîné par sa *passion*, se jette à ses genoux; l'ombre ne s'évanouit point, elle ouvre les bras, il s'y précipite; — cela tourne au possible; — son valet épouvanté s'enfuit à toutes jambes, et le lendemain, le corps de Keller, les reins brisés, le col tordu, s'étendait au pied de l'autel; — le marbre avait disparu. Le baron renversa l'autel, et fit élever à la place cette croix sous laquelle fut enterré l'infortuné Keller. — M<sup>lle</sup> de Tiefenau se maria, et fut, ce dit-on, très-heureuse.

Oui, comtesse, l'amour est ce qu'il y a de plus casuel et de plus faux sur la terre; j'en demande pardon à votre demoiselle, mais il ne tient qu'à elle de prouver que j'ai tort, en se mariant bientôt; car les hommes ont beau dire que l'amour ne sied point au mariage, je soutiens, moi, qu'il y existe plus que dans leurs passions ridicules, qui ne font que pitié.

— Je parle toujours comme un homme qui ne serait pas ce que je suis; car soumettant tout à l'Égoïsme, il ressort que je n'admets guère l'amour en tant que sentiment réciproque et durable.

— Vous êtes donc toujours le même, Égoïsme fait homme?

— Oui, comtesse; ayant toujours raison, pourquoi changer? Je ne serais qu'un fou, et vraisemblablement je ne le deviendrai jamais, étant le plus froid et le meilleur des hommes.

— Le plus froid, vous dites vrai, car je me souviens d'une certaine conversation où vos paroles m'ont glacé le cœur.

— Je suis donc très-utile dans la saison présente; et s'il vous plaît que nous causions chez vous à la vesprée, je vous promets une soirée des plus fraîches, sinon des plus agréables.

— J'y consens, mais à cette condition que vous vous tairez lorsque je ferai signe; car si je puis apprendre toutes vos déraisons, il n'en est pas de même de tous ceux qui m'entendent.

— Topez, comtesse. — Me permettez-vous d'amener avec moi mon compagnon de route? C'est un élève que je forme.

— Grand Dieu! monsieur, dit la comtesse à mon voisin, à quelle bête venimeuse vous êtes-vous livré! Cet homme est tout fiel; il n'a rien d'humain dans le cœur, et, si je l'aimais moins, je serais déjà sa plus mortelle ennemie.

— Permettez, comtesse; il n'est pas convenu entre nous que vous plaiderez pour m'enlever mes sujets: vos yeux parlent assez pour me donner tort, et je ne veux pas d'autre adversaire; — mais je n'en soutiens pas moins que j'ai toujours raison.

— Nous le verrons ce soir, mon pédagogue; car je ne vous ôte pas le nom que je vous ai donné, et qui vous restera, entendez-vous.

— J'accepte avec bonheur tout ce qui vient de vous, comtesse, et ne suis fâché que de ne recevoir pas davantage.

— Où avez-vous lu cela, beau parleur? ce n'est point votre style. — Nous vous quittons; vous reviendrez ce soir; si j'ai du monde, je ne renvoie personne, et vous laisse déchirer à belles dents, je vous en avertis; étudiez bien votre leçon; au moindre défaut de mémoire, vous êtes mis en lambeaux.

— Comtesse, comtesse, eh quoi! vous me quittez ainsi, moi, votre meilleur ami?

—Chut! qu'avez-vous dit là! — Que voulez-vous?

— Veuillez donc prendre mon bras; appuyez-vous à ce soutien fidèle; la beauté sur la laideur, la folie sur la raison. — Mademoiselle Inès, si vous le voulez bien, prendra le bras de mon élève. — Je compte en faire quelque chose.

La comtesse accepta mon bras; la jeune fille celui de mon voisin, et nous allâmes ensemble jusqu'à l'orée du bois. Je ménageais à ces jeunes fous un instant de soi-disant bonheur, pendant que je tâchais à captiver l'attention de la comtesse, pour les laisser causer entre eux de toutes les balivernes de l'amour.

Quand nous fûmes tous deux seuls :

— Que vous êtes bon, me dit-il, et quelle douceur sous la dureté feinte de vos pensées!

— Pas de remercîments, s'il vous plaît, je les déteste au plus haut point; ce que j'ai fait, ça a été pour moi, non pour vous; vous n'avez aucun gré à m'en savoir; une fois pour toutes, comprenez.

— Eh bien, expliquez donc votre Égoïsme;

je veux apprendre, — tout connaître, tout subir, s'il le faut ; la leçon ne peut être cruelle d'une science qui fait l'homme aussi bon que vous.

— Je vous préviens qu'avec moi tout flatteur ne vit pas aux dépens de celui qui l'écoute, et qu'à cet endroit j'ai l'oreille très-dure. — Avant tout, comme je ne puis que vous appeler mon compagnon ou mon voisin, veuillez me dire votre nom ; je ne hais pas connaître ceux que je fréquente.

— Je me nomme Edgar de Willencourt.

— Quoi ! c'est votre famille qui a un si beau mausolée au cimetière du Père-Lachaise ?

— Oui.

— Je plains sincèrement vos parents de l'avoir fait construire ; c'est là une forte dépense. — Et n'enterre-t-on pas vos morts en habits magnifiques ; peut-être même que l'on va jusqu'à les embaumer ?

— Cela est vrai.

— Vos parents sont donc fous ?

— Oh ! que dites-vous là ?

— J'ai connu, — car il est effrayant combien j'ai connu d'humains qui sont morts,

aujourd'hui; — j'ai connu un jeune homme
que j'ai voulu instruire, que j'ai voulu former
aux réalités du monde; il était d'une pauvre
nature et d'une tristesse épouvantable; il
m'écouta longtemps et sans laisser transparaître les ravages que mes paroles faisaient
en lui. Durant un an, je le perdis de vue; je
ne le retrouvai qu'à son lit de mort. Je sus
plus tard, par des notes intimes qu'il m'a
léguées, que la plaie incurable qui lui rongea
le cœur fut la suite des réflexions profondes
et acharnées dont il se labourait incessam-
ment l'esprit; sans se rendre à la raison, il
ne pouvait trouver une preuve évidente pour
combattre et détruire mes pensées ; et de la
lutte terrible que se livraient en lui son
esprit et son cœur, naquit, non pas un
désespoir, mais un déchirement infinissable,
inguérissable, qui le conduisit au tombeau.
Quand je vis cette face pâle et décharnée, ce
front chauve, j'éprouvai une grande douleur;
la seule de ma vie; — mais elle ne dura qu'un
instant. — A cette époque, il était de mode
de faire des discours sur les tombes ; et comme
je n'accompagne jamais un mort, je me pris

à lui faire une plate oraison pendant qu'il reposait une dernière fois, — en attendant le sommeil éternel. — Je parlai à peu près en ces termes :

« Pauvre enfant, qui n'as pu fixer sans étourdissement une clarté trop vive, âme fanée, corps meurtri ! ce volume de chair qui palpite, cette intelligence qui rayonne, ce cœur qui tressaille aux moindres émotions, tout cela, dans un mois, ne sera plus qu'une poignée de poussière que le vent soufflera au visage du passant. Ah ! quand rien de toi ne restera, qui dira jamais combien ce peu de poussière, qui m'aveuglera peut-être, a aimé, a pensé, a souffert ? Qui dira combien d'ineffables délices, de douleurs amères, de joies insouciantes, a ressenties cette pincée de cendre dont on écrase un globule sous les doigts ? Tu passes tes nuits au cimetière, pauvre enfant, et tu foules des ossements parmi lesquels se mêleront les tiens ; tu y arrives le cœur navré, les yeux en eau ; tu trébuches, prends garde ! ton pied heurte ce qui fut le visage de ton amante ; la voilà, cette créature divine dont la candeur se mariait si bien à la beauté ; regarde-la, maintenant, elle est belle, n'est-ce pas ? Embrasse donc ses joues rosées, et ses lèvres, et ses dents d'émail, et ses beaux cheveux noirs longs à faire un manteau, embrasse-les donc — misère ! — Bientôt, ce sera ton tour, — celui de tous les autres. »

Écoutez ceci qui vous concerne :

« On t'élèvera un fastueux monument, et les hommes croiront que les tiens honoreront ta dépouille, quand ils n'obéiront vraiment qu'au cri de leur vanité. — Un mausolée ! pourquoi faire, mon Dieu ! Pensent-ils qu'une tombe et quelques pouces de bois ou de métal empêcheront ton corps de se moisir et les vers de s'en emparer ? Et pourquoi tant de précautions à conserver quelques livres de pourriture ? N'est-ce donc que ta matière infecte qu'ils aiment, et prennent-ils plus de soin de ton cadavre que de ton âme ? Quel souci les tient de t'enfermer si précieusement dans la terre à laquelle tu ne peux échapper, puisque ton limon est à elle et que la mort te fait son héritage ? Espèrent-ils que ton corps inanimé vit toujours tant qu'il conserve sa

forme, et que ton cœur palpite tant qu'il n'est
pas rongé dans ta poitrine? Pauvres gens! à
coup sûr, ils s'inquiètent plus de tes lambeaux que de ton âme, — qu'ils négligent
peut-être! Ton corps ne serait-il pas aussi
bien dans la terre sans tout cet attirail inutile dont ils l'entourent, et qui ne le préser-
vera pas de la putréfaction qui l'attend?
Qu'est-ce donc que cette misérable matière
à laquelle ils s'attachent comme à quelque
valeur? et ton âme souffrirait-elle de ce que
ton corps ne fût pas préservé pour un temps
de ton inévitable mélange à la terre? — A
bas ces pierres magnifiques, ces splendides
masures, qui semblent insulter aux volontés
de l'Éternel; à bas ces échafaudages où se
cramponne la vanité humaine; point de vanité dans la mort! Hommes pusillanimes!
que sert, à vous ou aux cadavres, ce stupide étalage de pompe ridicule? la mort n'est-
elle donc pas la mort, et le corps que l'on
soude en un cercueil de plomb en pourrira-
t-il moins que celui que l'on cloue dans
quatre planches de sapin? toutes ces fosses
n'aboutissent-elles point à la fosse commune?

Que m'importe, à moi, quand mon âme abandonnera mon corps, que m'importe que ce corps devienne la proie des fauves ou des vers, que l'on jette mes membres dans une fosse de cimetière ou dans une fosse aux lions? — Mon corps est à la terre et mon âme est à Dieu! — Et tu veux, enfant, que j'aime cette créature qui n'a pas un seul jour assuré; tu veux que je donne ce que je sens au cœur à cet être que dans un instant je puis ne plus revoir; tu veux que j'aime d'amour ou d'amitié, que j'aie quelque affection durable, — et pour si peu de chose! — Aime Dieu! Que ce repos éternel est enviable au prix de l'existence qui nous échoit ici, moins remplie de joie que d'amertume! »

Avouez que la bulle était enflée adroitement, et que je faisais preuve d'un fond de bonhomie en débitant d'aussi belles choses que je savais n'être point entendues et ne devoir point aller à l'impression.

Ne vous avisez pas de tourner comme lui vers le sentimental. Werther n'était qu'un fou, comme tout suicidé, — mort lâche et misérable! — Charlotte, si elle ne se moqua point de lui, l'aima peut-être après son suicide, mais ne l'aima que dans sa vanité de femme, heureuse, en quelque sorte, de s'être fait aimer de lui jusqu'à l'avoir poussé au suicide. La vanité, chez la femme, est une porte secrète qui s'ouvre dès qu'on y frappe.

— Si, par cas extraordinaire, vous deviez en mourir, qu'importe ! — Périsse une nation plutôt qu'un principe ! — Ma drogue est une panacée ; avec moi, la douleur ne quitte pas l'omoplate pour aller au tibia, ni le fémur pour le péroné ; je guéris complétement ou je tue, c'est le tout pour le tout. — Il est un âge, dans la vie, où il faut que le cœur se brise ou se bronze. — Croyez-en Nicolas. — Bronzez-le-vous, pardieu ! ou jetez-vous à croupir sur le fumier de Job. —Votre mélancolie pleureuse, comme celle des autres, n'est qu'un pastiche de douleur pour apitoyer les femmes qui ne prennent pitié de vous que parce qu'elles se flattent que ces larmes, c'est elles qui les ont fait naître ; elles vous riraient au nez si elles supposaient un instant que vous pleuriez pour d'autres. —Si cette souffrance est réelle, en vérité je vous le dis, ce n'est en vous qu'un aplatissement moral, — dont on guérit.

— Vous ne faites grâce de rien, et raillez sans mesure. Pourquoi ce matérialisme qui ravale à la brute? L'homme n'y est que trop enclin; laissez-lui donc toutes ses sensations illusoires plutôt que de les remplacer par des réalités froides et désespérantes.

— Qui parle de matérialisme? je le hais plus que vous; le principe que je veux que vous puissiez comprendre est humain, et s'il concentre en lui toutes les passions, il devient la source commune d'où jaillissent à la fois nos sensualités et nos penchants immatériels; il s'accommode à toutes les natures, et, comme le livre d'Escobard, il a pour toutes nos actions la *grâce suffisante*.

Ayant donc avancé que l'unique mobile du corps, du cœur et de l'âme est l'égoïsme, je n'ai plus qu'à le prouver.

— Fasse Dieu que la raison vous manque au milieu du chemin, et qu'en voulant tromper les autres vous vous soyez trompé vous-même! Je ne puis douter que ce ne soit chez vous qu'une pensée tenace, téméraire peut-être, mais à coup sûr hétérodoxe — je ne veux pas dire utopique.—Ce livre que vous m'allez ouvrir, bien qu'il doive être parsemé de funestes égarements, je suis jaloux de le connaître ; entre nous il se peut faire que l'élève soit le maître, que le docteur soit le malade ; que, malgré cette assurance que trahit votre sourire, les illusions de ma jeunesse soient plus puissantes que les vérités de votre âge, et que l'échafaudage de vos raisonnements croule au souffle de l'amour.

— Il n'était pas besoin de prendre la parole pour ne dire que de pareilles choses ; vous produisez l'effet d'un aspirant diplomatique s'exerçant aux discours, et qui parle durant une heure pour ne rien vous apprendre. C'est peut-être une politique.

Allons ! que mon esprit se livre à toute sa débauche ; aussi bien vous êtes près de moi pour me rappeler à la raison. Soufflez donc sur cet échafaudage que je vais dresser devant vous, mais craignez d'y laisser le cœur à défaut de la tête.

Prenons un des points cardinaux, le vôtre :

c'est l'amour. — Ce sentiment est toujours *égoïste* et *physique*.

Je dis égoïste : quand, à la vue d'une jeune fille, votre cœur ressent tout à coup des tressaillements inattendus ; quand votre âme s'éveille et s'illumine des rayons que sa beauté reflète ; lorsque par sa fréquentation vous arrivez à éprouver pour elle ce qu'on appelle de l'*amour*, certainement ce n'est point cette femme qui nourrit votre amour, mais votre pensée qui s'attache exclusivement à elle, en lui donnant toutes les qualités et toutes les vertus possibles, coïncidentes à vos goûts. A force de vous persuader qu'elle est vraiment aimable, vous l'aimez avec passion, et son souvenir, que vos désirs comblent de charme, ne vous abandonne plus ; vous vous imaginez tout un avenir de bonheur, les délices d'une vie à passer auprès d'elle, et les enivrements que ses appas auraient pour vous. C'est vous seul qui créez votre amour ; car lorsque vous aimez, votre cœur est atteint bien avant que vous puissiez connaître la pensée qu'a de vous l'objet aimé. Si la femme que vous convoitez ne vous a pas avoué son penchant, pouvez-vous être jamais sûr de son amour, et si elle vous trompe, en devez-vous être étonné? Si vous croyez avoir surpris son inclination dans l'abandon de ses pensées, dans son sourire, ou même dans son silence, auquel vous vous empressez de donner un grand sens, ce n'est qu'une vanité, je dis presque une fatuité grossière. Vous ne l'aimez donc et ne vous attachez à elle que parce qu'elle produit en vous des sensations délicieuses que vous seul ressentez, peut-être, sans qu'elle y ait volontairement la moindre part; vous ne vous demandez ni si elle vous aime, ni si votre amour lui devient agréable; vous l'aimez, vous, vous seul, et c'est tout; que votre amour lui répugne ou la blesse, vous l'ignorez; qu'importe! vous l'aimez; — vous iriez jusqu'à le lui dire. Sans avoir une seule fois interrogé son cœur, vous nourrissez cette passion brûlante plutôt que de tâcher à l'éteindre, par la seule raison qu'elle est votre bonheur. — Vous ne pensez qu'à vous.

Si ses lèvres vous ont balbutié son amour, lui devez-vous toute votre créance? car, si elle se livre à vous, qui vous assure que déjà

elle ne se soit livrée à d'autres et que vous ne
soyez pas un pis aller pour elle? Et si votre
foi complaisante saisit avidement et sans
retour les vœux de votre amante, ce n'est
encore que par vanité pure, en faisant provenir son amour de votre mérite personnel.
Je ne nie pas que vous ne l'aimerez davantage
quand vous croirez qu'elle vous aime: car
son amour pour vous est à vos yeux sa plus
grande vertu, puisqu'on n'aime rien autant
que soi; mais votre passion pour elle, centu-
plée par celle qu'elle aura pour vous, n'en
découlera pas moins de la seule pensée de
vous-même.

En thèse générale, la femme ne vous aime
que parce que vous rompez la monotonie de
sa vie, et que vous lui offrez une existence
nouvelle. De deux amours, la femme croit
n'être aimée que pour elle; l'homme, que
pour lui: d'où il arrive que votre vanité réciproque permet à cette femme de satisfaire la
sienne, tout en satisfaisant la vôtre.

L'amour est de deux sortes : l'amour de soi
et l'amour de l'objet aimé :

Ou vous aimez une femme en ignorant si elle vous aime, et pour vous seul ;

Ou vous l'aimez pour vous faire aimer d'elle.

Au premier cas, l'aimant sans songer à une réciprocité au moins douteuse, vous ne pensez qu'à vous ;

Dans le second, ne l'aimant que pour être aimé d'elle, c'est toujours en pensant à vous.

Or, c'est de l'Égoïsme.

Quand une femme vous dit qu'elle a pour vous de l'amour, elle se trompe, elle n'a qu'un penchant ; car son *amour* est trop impatient pour ne se trahir pas avant que de vous bien connaître, et peut-elle vous *aimer* vraiment sans vous connaître ? Si elle se tait, et qu'elle puisse attendre assez pour vous savoir par cœur, ce n'est pas de l'*amour*, mais de l'affection, et l'affection, en fait d'amour, est pire que la répulsion. Mais vous avez cette bonne pensée de ne jamais douter que vous n'inspiriez de la passion, et, pour vous, les premiers aveux sont une vérité. — Moi, je soupçonne que vous ne vous empressez de vous confier réciproquement votre amour que de peur de ne l'oser plus tard, en vous connaissant mieux.

— Ne consentez-vous pas qu'il faille au bonheur de l'amour deux cœurs qui n'en forment qu'un, deux âmes qui se confondent en un même penser? Que serait un amour qui ne trouverait jamais un cœur qui partageât le sien; un être qui ne rencontrerait jamais un être qui l'aimât?

— La nature est une bonne mère qui fait tout pour le mieux; il n'est pas impossible que deux cœurs s'entre-choquent tellement, qu'ils se confondent l'un dans l'autre, mais c'est toujours de l'Égoïsme. — Aimez sans être aimé, n'aimez pas et que l'on vous aime, adorez-vous mutuellement, je vous défie de me prouver que ce n'est point de l'Égoïsme, et vous ne pouvez franchir mon cercle infranchissable.

Aimez-vous sincèrement la fille de la comtesse de Neuville?

— Pouvez-vous en douter après avoir été le témoin de ma douleur?

— Il eût mieux valu pour vous que je ne

l'eusse pas été. — Vous a-t-elle avoué qu'elle a pour vous de l'amour?

— Je n'ai pas osé lui avouer le mien; à quoi bon? Je ne suis point connu de sa mère, que j'ai vue aujourd'hui pour la première fois.

— Si je vous mariais avec cette jeune fille?

— Je désire, mais n'ose espérer.

— Point de phrases, s'il vous plaît; ne répondez qu'un mot.

— Oui!

— Pourquoi voudriez-vous l'épouser?

— Que me demandez-vous? Ne vous ai-je pas dit que je l'aime!

— Si elle ne vous aime pas?

— Mais je l'aimerai tant!

— Mauvaise raison. — Comprenez-vous votre Égoïsme? et ne le niez pas. — Ainsi, vous l'aimez tant! — et vous ne songez pas seulement à elle; il vous suffit que vous l'aimiez, que sa beauté vous attire et vous charme; — son bonheur ne vous est de rien; sans le compter, vous y substituez le vôtre, et parce que vous éprouveriez avec elle, vous l'espérez du moins, les blandices de votre passion, il suffit ; et s'il vous était donné de l'épouser demain, malgré ses cris, ses pleurs, ses prières, l'Égoïsme implacable l'enchaînerait à vous, persuadé, dans votre vanité stupide, de parvenir à vaincre son amour. — Point de honte au moins ; tous les hommes vous ressemblent ; aussi les femmes. Tout est au mieux dans le meilleur des mondes possibles : demandez à Pangloss.

Je ne veux que prouver l'Égoïsme ; je le prouve. Plus tard, nous analyserons son essence.

Qu'est-ce donc ? Allez-vous revenir à vos airs langoureux ? Des larmes ? — Enfant, que ne pleuriez-vous tout à l'heure que votre amante était auprès de nous ? Lorsqu'on a tant de larmes, il faut se les rendre propices et les verser à l'occasion ; sachez donc mieux vous en servir.

Que vous ai-je dit ? Que vous n'aimez pas votre amante. Cela est vrai, car vous n'aimez que vous, et n'est-ce pas naturel ? — Elle, de son côté, vous jurerait de son amour, qu'elle mentirait sans le savoir. — Quel motif de se lamenter? puisqu'il est impossible qu'il en soit autrement, et que l'abnégation la plus noble n'est encore que de l'égoïsme.

— Cependant, je ne puis vous comprendre. C'est elle que j'aime et non pas moi; c'est sa beauté, sa douceur, la pureté de son âme; c'est elle, ce n'est qu'elle, mon Dieu! — Pourquoi voulez-vous donc que je n'aime que moi?

— Ne vous désespérez point, je vous prie: surtout, ne pleurez pas (nous passons la soirée *en ville*), car vous ne pouvez rien changer à la nature.

Vous aimez, dites-vous, sa beauté, sa douceur, sa pureté. — Vous n'avouez pas tout, et faites bien. — Pourquoi aimez-vous tout cela, qu'en songeant au bonheur de le posséder, d'en profiter, d'en faire votre bien? — A quoi bon vous le dissimuler? — Si j'admets un impossible : qu'aimant cette femme, pouvant la posséder, et sachant qu'elle ne vous aime point, vous ayez sacrifié votre bonheur au sien en ne l'épousant pas; peut-être croirez-vous n'avoir pensé qu'à elle, n'avoir agi que par dévouement, qu'en vérité vous n'aurez pas été moins égoïste d'une manière que d'une autre. — Mais ces dévouements sont très-rares parce qu'ils sont impolis, et que ce n'est souvent qu'une épreuve. — Aussi vous ai-je dit : un impossible.

Y only say : suppose this supposition.

— Quoi ! si je l'épouse malgré elle, je suis égoïste, et je suis égoïste si je me sacrifie !

— Indubitablement.

— Ou vous êtes fou, ou c'est moi qui le suis.

— Nous ne le sommes ni l'un ni l'autre ; seulement vous avez la vue basse, et je vais vous donner des lunettes.

(Remarquez qu'en parlant des femmes je comprends les hommes, et qu'il n'y a que le sexe qui diffère, les sentiments étant les mêmes.)

Qu'une femme vous aime, et qu'après avoir éprouvé le choc que se livraient en elle sa passion et sa pudeur, elle s'abandonne à vous ; supposons que vous ayez souffert longtemps comme elle de cette résistance qui

double votre amour, et qui ne le double que
par votre souffrance même ; pourquoi s'est-
elle enfin livrée à vous? Pour de deux causes
l'une : ou elle a voulu augmenter votre amour
en vous forçant à le combattre, tout en dis-
simulant ainsi le sien qui ne doit pas, c'est
dans l'usage, se jeter au cou du vôtre ; ou
elle a vraiment lutté, et ne s'est abandonnée que faute de pouvoir résister davantage. — En excitant par sa feinte pudeur l'impatience de votre amour, elle n'a
voulu qu'en retirer les fruits, — et c'est de
l'Égoïsme. — En combattant sincèrement la
violence du sien, elle ne pensait qu'à elle,
sachant que le vôtre souffrait de cette longue
résistance ; car si elle n'eût pensé qu'à vous,
n'eût-il pas été plus humain de se livrer à
vos premiers désirs? — Mais, je vous l'ai dit,
ce n'est point dans l'usage.

Quant à l'homme, son amour étant toujours
brutal, il ne cherche que la passion ; il est donc
évident qu'il ne songe qu'à lui et qu'il n'aime
que par Égoïsme.

— Non, vous ne pouvez croire qu'en aimant cette jeune fille je ne ressente que la

brutalité, et douter que je n'aie pour elle les purs tressaillements de l'âme.

— Phrases que tout cela. Jamais avez-vous entrevu la cause de ces tressaillements ; jamais avez-vous réfléchi à leur brutale conséquence ? Il est mieux, je l'avoue, de résister longtemps à la passion, car elle anéantit ce que vous nommez amour : ces délices de l'âme, avant-coureurs de ceux des sens ; mais, en principe, ils ont la même source, et toujours aboutissent à la sensualité.

Laissez-moi donc vous mettre vos lunettes ; je me flatte que bientôt vous y verrez plus clair.

Je veux vous démontrer le matérialisme de l'amour, et cela vous étonne ; tout vous surprend. Que vous êtes enfant de vous attrister ainsi ! vous avez l'air d'un écolier qui vient de recevoir d'une bonne férule.

Oui, l'amour est *physique*. Car, je vous prie, quel est le but de votre amour ? Où tend cette copulation de rêves incontinents et de pensées quasi chastes ? Quels spécieux échappants allez-vous prendre ? Il n'en est point pour vous. Une espérance impure vous pousse, par toutes voies possibles, et vous traversez devant elle des chemins pleins de fleurs, gracieux prolégomènes, pour tomber inévitablement dans une ivresse brutale, qui vous pollue jusqu'à l'épuisement ; quelque route que vous preniez, votre destination est la même ; et lorsque vous n'arrivez pas, je jure que c'est malgré vous. Écoutez Ninon de l'Enclos :

« Au commencement de leur commerce, deux amants se croient animés des sentiments les plus délicats ; ils épuisent les finesses, les exagérations, l'enthousiasme, de la physique la plus recherchée ; l'idée de leur excellence les enivre quelque temps. Mais suivons-les dans leur liaison : bientôt la nature va reprendre ses droits ; la vanité, satisfaite par l'étalage de ces propos alambiqués, va laisser au cœur la liberté de sentir et de s'exprimer ; et, tout en méprisant les plaisirs de l'amour, il arrive un jour où ces gens-là sont fort étonnés de se trouver, après un long circuit, au même point qu'un paysan qui, de bonne foi, aura commencé par où ils auront fini. »

Voilà donc la cause de nos douleurs et de

nos larmes, de nos combats et de nos chutes, souvent de notre mort? Voilà donc ce qui nous rejette loin de notre famille? Voilà donc ce qui nous met au cœur l'ambition, la jalousie, la haine? Quoi! pour si peu de chose, nous divorçons avec l'honneur, nous renions nos affections, nous tuons nos semblables; puissants, nous bouleversons la terre? — Eh quoi! pour assouvir notre bestialité! — Tant il est vrai que c'est là le terme de l'amour; que le mariage, cette institution humaine qui tient en laisse notre immoralité, n'est qu'une permission de satisfaire honnêtement notre invincible concupiscence. Il faut que ce sentiment ait sur nous un bien grand empire, puisque nous livrons presque au hasard d'un cœur, qui peut-être ne se donnera point à nous, le reste de notre existence, pour avoir toujours sous la main un corps que nous puissions couvrir de nos embrassements.

Ainsi, la vierge ingénue, que sa mère inquiète a élevée au-dessus de l'écume du monde, est arrachée à ses douces rêveries, pour être jetée, un certain jour, dans les bras d'un homme, qui ne voit près de lui que des formes innocemment lascives, qu'il va bientôt souiller de sa lubricité.

Ce n'est pas que je veuille accuser la nature : tels nous a créés Dieu, tels nous sommes ; et, si impure que vous semble cette source de volupté, rappelez-vous toujours qu'elle est vraie, car elle est le principe de la récréation du monde.

Afin de vous mieux convaincre de ce matérialisme, supposons encore cette supposition :

Vous connaissez une jeune fille, à qui vous avez déclaré votre amour ; je dis plus : cette jeune fille a avoué celui qu'elle a pour vous, et il est violent ; toutes ses affections, elle vous les a données ; elle ne peut et ne veut aimer que vous ; toute sa famille le sait, même celle d'un fiancé autre que vous, et que l'on a choisi ; ce fiancé arrive, met des bottes vernies et des gants blancs, et épouse votre amante : elle est pure, elle ne vous a donné que son âme.

Mais que, par cause extraordinaire, elle abandonne son corps à un homme qu'elle

n'aime pas : — elle est déshonorée, déshonorée, entendez-vous, parce que la chair
aura touché la chair, et qu'il suffit de ce contact pour que la société haineuse lui jette au
front l'infamie.

L'âme n'est donc rien, ou si peu de chose !
— Fouillez, fouillez dans la boue des villes,
et n'y trouvez-vous pas de ces portes bâtar-
des qui vous marquent l'entrée de porcheries
immondes que la société juge indispensables
à sa moralité ? — Encore le bien qui naît du
mal ; la vertu au fond du vice.

Quand nous attachons notre esprit à la
pensée d'une femme, c'est que cette femme
est belle, ou que, du moins, elle nous le paraît
être ; si elle n'offre pas à d'autres cette attraction qu'elle a pour nous, c'est que nous
nous employons à l'entourer d'un irrésistible
prestige ; et vient-elle à nous aimer, ou
notre vanité imagine-t-elle en cette femme
un penchant qui nous soit personnel, que ce
prestige augmente, et qu'il nous trouble la
raison. — Otez à cette femme sa magnifique
chevelure, ses grands yeux, ses seins de marbre, sa taille souple, toute sa grâce, et que

votre conscience dise si vous l'aimerez ainsi
dépouillée de ses charmes ; j'admets que vous
puissiez lire en son âme, et qu'elle soit la
vertu même : ne le dissimulez point, vous
éprouverez pour elle un tout autre sentiment
que celui qui vous émeut ; ou vous l'aimerez
moins, ou vous ne l'aimerez pas. — Laissez-
lui, maintenant, sa nature physique, et re-
tranchez ses qualités du cœur : vous l'aimerez, vous l'aimerez, vous dis-je, jusqu'à vendre pour elle les jours que Dieu vous a
prêtés ; et pourquoi ? parce que votre passion,
s'aiguillonnant de celle que vous lui suppose-
rez, surexcitera énormément votre amour.

L'amour étant donc bien et dûment physique, laissez-moi vous poser ce dilemme :

Ou votre amante est la pureté même ; et
vous ne pourrez savoir la vérité de son amour,
puisqu'elle vous refusera ce qui, selon vous,
en serait la preuve ;

Ou son âme, incontinente et passionnée,
entraînera son corps, qu'elle livrera à vos
embrassements ;

Et vous douterez de son amour, puisque

son âme n'aura pas su vaincre ses sens, et qu'elle n'aura pas eu honte de sacrifier son honneur à sa grossière volupté ; car alors, qui vous garantira que vous serez son premier amant ?

Par conséquent, vous ignorerez toujours la vérité de son âme, et si vous vous plaisez à y trouver de la passion, ce ne sera que vaniteusement.

En tout cas, vos démarches ne changent point de nature, et si d'heureux obstacles les contrecarrent longuement, leur but n'en est pas moins la matérialité.

L'amour inassouvi ne l'est qu'en tant que le contraire soit impossible.

Ouf ! je n'en puis plus ; que j'ai bien parlé ! Quel dommage que vous seul m'ayez entendu et que ces arbres ne se soient pas changés en sténographes ! Ah ! je vous en conjure, laissez-moi chercher une épigraphe, et vous la dire afin de m'alléger l'esprit ; après, je serai tout à vous. — Un sonnet ! un sonnet de Credulli me revient en mémoire ! — Nous parlions de l'amour matériel, et le sujet en

est : la Virginité s'adressant à une jeune
épousée :

> Del letto nuzzial questa è la sponda :
> Più non lice seguirti, io partio, addio.
> Ti fui compagna dall'età più bionda,
> E per te gloria crebbe al regno mio.
> Sposa e madre or sarai, se il ciel seconda
> La nostra speme, ed il commun desio.
> Già vezzeggiando ti carpisce, e sfronda
> Que'gigli Amor, che di sua mano ordio.
>
> Disse, e disparve in un balen la dea ;
> E in van tre volte la chiamò la bella
> Vergine, che di lei pur anche ardea.
>
> Scese frattanto sfolgorando in viso
> Fecondita, la man le prese, e di ella
> Al caro sposo ; e il duol cangiossi in riso.

Si vous ne le comprenez pas, il n'en est que
plus beau ; et comme beaucoup de gens l'ad-
mirent de confiance, vous auriez mauvais air
à n'en pas faire autant.

D'où vient, si le matérialisme n'est point
la base de l'amour, qu'une femme ne soit
déshonorée que par le contact de la chair, et
que le monde ne flétrisse que la copulation
des corps, et non celle des âmes ? — Trouvez

une arme qui seulement ébrèche ma raison, et je me dis vaincu.

Voulez-vous une expérience ? Cette jeune fille que vous dites aimer et que vous désirez de prendre pour compagne, consentez, s'il suffit à votre amour des tressaillements de l'âme, qu'elle épouse un autre homme que vous ; aimez-la votre vie entière, et même dites-le-lui, elle en sera flattée ; mais ne la possédez jamais. Que sera votre amour, qu'une souffrance épouvantable, moins de ne la posséder vous-même que de la voir possédée par un autre et possédée charnellement ; car qui vous dit qu'elle aimera cet homme ou que cet homme l'aimera comme vous ?

Attaquons maintenant la folie de l'amour, le suicide. — Une femme, — encore une que j'ai connue, — adorée par son amant adoré d'elle, — tous deux sont morts.

Cette femme était vraiment un ange égaré sur la terre ; la délicatesse de son âme égalait la beauté de son corps, et je crois qu'elle aima comme Dieu veut que l'on aime, en divinisant son amour. — J'étais chez elle quand lui vint une lettre de son amant qui lui mandait que sa famille le contraignait au mariage. — Je ne lui surpris pas une larme ; son visage devint excessivement pâle et me trahit l'immensité de sa douleur ; mais le fait lui parut si extraordinaire, que le doute vint à son aide. Elle attendit dans une fièvre délirante une seconde lettre ; au bout d'une semaine, son amant arriva — marié : — il lui jura que cette union était de pure convenance, et qu'il n'aimerait jamais que sa maîtresse. — (Il est d'usage, dans ces sortes de conjonctions, que le mari ait une maîtresse et la femme un amant.) — Son amante l'écouta, le crut peut-être, et le lendemain...... elle était morte.

Au ciel elle a rendu sa vie,
Et doucement s'est endormie
Sans murmurer contre ses lois.
Ainsi le sourire s'efface ;
Ainsi meurt, sans laisser de trace,
Le chant d'un oiseau dans les bois.

Croyez-vous que ce fut pour son amant qui l'aimait qu'elle se suicida ? Vous avez bien trop de raison pour le supposer un instant ; elle ne voulut qu'échapper à sa douleur qu'elle crut devoir être éternelle, et rien autre. — Son amant fit quelques enfants à sa femme que jamais il n'aima ; les enfants vivent encore, et le monde prétend que ce fut un des mariages les plus heureux de l'époque. — Je ne jurerais pas du contraire. — Une rareté, c'est qu'une femme se tue pour un homme sans être aimée de lui ; — mais c'est toujours de l'Égoïsme.

—Ah ! quel besoin de disséquer ainsi l'amour, et, si vous n'avez rien au cœur, pourquoi briser le mien ! Laissez-moi mes chères illusions, mes erreurs, et n'étiolez pas tout d'un coup le printemps de ma vie. Science affreuse que la vôtre, horrible, épouvantable. Ah ! le meilleur des hommes ! vous n'en n'êtes que le plus inhumain, de souffler sans pitié votre haleine sur le parfum de ma douleur.

—Vous ne voulez donc pas vous déshabituer de ces phrases qui semblent avoir été soumises à la machine pneumatique ? — Ce que je vous ai dit ne change rien à la nature de vos sentiments les plus doux : le canard est

un animal qui se nourrit de toutes les ordures,
ce qui n'empêche pas qu'on ne le mange avec
plaisir, et vous tout le premier, quand il est
aux navets. — Ainsi de votre amour : la base
en est grossière, — mais vous l'assaisonnez
ou le couvrez de fleurs. — Aimez donc.

Après m'avoir bien saturé de ses réflexions
saugrenues, M. de Willencourt se larmoya
piteusement. J'allais le prier de nouveau de
fermer ses écluses, quand il se leva sans mot
dire et se dirigea vers Baden, l'air morne et
la tête baissée comme un des chevaux d'Hip-
polyte. Je profitai de cet instant pour m'age-
nouiller devant la croix, sur laquelle je gravai
ces mots :

**Most friendship is feigning ; most loving mere folly.**

Nous rentrâmes tous deux à Baden.

# CHAPITRE III

— Vous voilà donc, ô le plus froid des hommes !

— Et le meilleur, convenez-en, madame la comtesse.

— Peut-être. — Je regrette de ne vous avoir pas vu plus tôt ; nous parlions poésie.

— Triste !

— Vous ne consentez pas, sans doute, qu'il y ait des poëtes ? Tous ces messieurs pourraient vous prouver le contraire, et si l'un d'eux veut bien nous relire...

— Ah ! madame, si ce n'est que pour moi, ce n'est pas la peine, et, plutôt que de le demander, je les tiens tous pour les plus grands poëtes. — Je vous demande pardon, messieurs, de n'insister pas davantage ; mais j'ai depuis longtemps le malheur de courir le monde, et chaque hiver mes oreilles sont rompues de ces mots liquoreux, insipides et fades. Je comprends qu'un jeune homme se plaise à réciter au milieu d'un salon quelques lignes boiteuses pour avoir trop de pieds; la poésie n'est rien, et c'est une manière de se mieux faire voir : marché où l'on s'expose; théâtre *comme il faut,* où l'on vient étaler sa figure ou sa jambe; je comprends que l'on fasse cinq ou six mille vers pour former un volume et le vendre, — s'il est possible; — je comprends, en un mot, qu'on se dise poëte pour se marier ou faire fortune d'une manière ou d'une autre; — mais je n'accepte pas que ces hommes se disent vraiment poëtes et qu'ils ne conviennent jamais du but qu'ils se sont proposé en livrant à la foule leur mensonger grimoire dont ils ne pensent pas un mot. — Poëte, qui vous psalmodie des phrases éthérées, et n'en veut qu'à vos appas? — Poëte, qui vous jette un encens hypocrite, et n'en veut qu'à votre or? — Poëte, qui se met aux yeux des larmes préparées pour exciter les vôtres? — Poëte, qui s'enveloppe en plein jour dans un manteau de deuil, et se livre le soir aux passions les plus honteuses? — Poëte, *l'infortuné* qui ne veut pour bonheur que *le secret de sa souffrance*, et la crie à l'univers? — Poëtes, croyez-vous, que ces gens-là? — Marionnettes. — Il n'est qu'un poëte au monde, madame la comtesse, et vous qui les aimez vous ne le connaissez pas.

— Ne vous effrayez point, messieurs, dit la comtesse, des paroles que vous entendez : monsieur est mon pédagogue, et toujours je le laisse parler à sa guise ; il est un peu fou, j'en conviens, et vous devez vous en apercevoir : c'est une excuse, et vous l'accordez comme moi. — Voyons, quel est-il, votre poëte? Et d'abord, vous êtes tellement singulier, qu'il faut que nous sachions ce que vous entendez par poëte.

— C'est l'homme qui, dégagé de toute passion physique, n'éprouve que celle de l'âme, mais l'éprouve à ce point, que rien ne l'en saurait distraire, et qu'il s'y livre pour la vie; c'est l'homme qui ne ressent de volupté que dans l'âme, mais une volupté sans pareille, immense, infinie, effrayante, qui

l'absorbe et le consume, — qui le tue : c'est
l'homme qui, sans souci de sa nature même,
de son corps, méprise tout plaisir, toute joie,
toute ivresse; les fuit, mais sans les craindre;
il ne les comprend pas, et concentre toutes
ses forces sur le seul point de son unique
volupté; rien de physique chez cet homme
tout entier dans son âme.

— Au moins, conviendrez-vous qu'il
mange?

— A peine. C'est un squelette; il est sale,
hideux, repoussant; il a le regard fauve, inquiet, miroir de son âme sans cesse inquiète
et tremblante, et toujours en proie à cette
ivresse infinissable qui le dévore. — Avec
moi, suivez-le dans sa mansarde infecte, et
voyez : — Il attend que tout dorme, se lève
sans bruit, à tâtons va jusqu'à sa fenêtre s'assurer des ventaux; à sa porte, des verrous;
écoute; allume un bout de suif ramassé dans
la rue; se baisse; ôte un carreau, deux car-
reaux de sa chambre; aperçoit sa cassette !
aussitôt jette autour de lui un regard effrayant de haine; — veut s'assurer encore
de la fidélité de sa porte immobile, — mais

n'ose ! — de peur que son trésor ne s'échappe
à l'instant ; — sa main le touche, ses doigts
se crispent tout autour, il le tient, le soulève
en le pressant sur sa poitrine, et le pose. inquiet, sur un meuble pourri, mais bien solide
encore sur ses pieds vermoulus pour qu'un
d'eux, inégal, ne fasse pas choquer son argent et son or, — et que personne ne l'entende ! — Il s'assied ; prend, cachée dans un
sac qu'il s'est pendu au cou, la clef, brillante
encore de son dernier usage, — et la glisse
dans la serrure ; — il tremble, il n'a rien vu
et doute, — effrayé de son doute. — Il
l'ouvre : — tout son or brille moins que
ses yeux ; il s'étonne, admire, rit et pleure :
— sa joie n'est plus qu'un long délire. — O
larmoyeurs irraisonnables qui vous dites
poëtes ! vous me faites pitié. — Le seul
poëte au monde, c'est l'avare, — l'avare, le
sublime égoïste !

— Eh bien, vous ai-je trompés en vous
prévenant de sa folie ? Vous n'en douterez
pas, j'espère.

Cependant, mon voisin, qui, à mon conseil,
s'était approché de demoiselle Inès, me jeta

8.

un regard si plein de commisération, que je crus un instant qu'il me tenait pour vraiment fou ; et la pitié, que sans doute il avait de moi, je l'eus de lui et des autres dont je devenais le point de mire.

— Mais, ajouta la comtesse, cette folie, qui se porte ce soir sur les poëtes, est dégénérée tout à fait en monomanie ; il prétend, et dit à qui le veut entendre, que nous sommes tous égoïstes, et qu'il est impossible que nous ne le soyons pas en toutes nos actions. — Je me rappelle qu'un jour il vint chez moi, et que, pendant deux heures, il se plut à me déchirer l'âme en scalpant sans pitié aucune ce joli petit corps que l'on nomme l'Amour, et qu'il s'y prit de telle sorte, que je ne pus le laisser achever, tant j'en ressentais de douleur ; j'avoue qu'il m'a froissé profondément, et, n'était l'estime que j'ai de lui, je le haïrais sans remords. — Voulez-vous, ô le plus froid des hommes....

— Et le meilleur...

— ... Voulez-vous nous montrer le produit d'une de vos transmutations, et nous en faire l'analyse ?

— Très-volontiers, madame la comtesse ;
qu'une de ces dames choisisse ; M. de Willencourt (le sujet que je traite aujourd'hui) a
déjà connaissance du caractère de l'Amour ;
il ne faut donc pas le reprendre ; je lui ai promis de soumettre à mes petits creusets ces
quatre matières principales et les plus ri-
ches : l'Amour, l'Amitié, l'Amour maternel
et la Religion. — Laquelle faut-il entreprendre ?

— Monsieur, me dit en souriant, pour montrer ses dents blanches, une petite dame enfouie dans ses dentelles, puisque le choix
vous est indifférent, prenons donc l'Amour
maternel, comme le sentiment qui nous touche le plus.

— .... Après l'amour, qui, souvent, en est
cause, bien que, souvent aussi, l'amour l'af-
faiblisse ou l'étouffe.

Vous souvient-il, comtesse, de cette promenade quasi-sentimentale que nous fîmes, l'an
passé, au bord du lac de Genève ; de cette
jeune mère, qui, voyant son enfant emporté
dans les flots, criait horriblement : Ma fille
est morte ! ma fille est morte ! — et que ce cri

vous resta si longtemps à l'esprit, que, chaque soir de même promenade, les roseaux vous semblaient indiscrets comme ceux du roi Midas, en vous jetant toujours à l'oreille : Ma fille est morte ! ma fille est morte ! — Vous souvient-il d'avoir vu cette mère se jeter, au péril de sa vie, pour sauver son enfant, et que toutes deux *s'endormirent ?*

— Pourquoi me rappeler un pareil souvenir ?

— Parce que je ne sache pas que l'amour maternel puisse aller au delà, et que ce fait m'en paraît être l'apogée.

— Je m'étonne que vous choisissiez pour exemple une action qui condamne votre système.

—Point du tout ; elle prouve, au contraire, son infaillibilité, pour me donner bientôt raison.

Vous savez que cette jeune fille s'est noyée volontairement ; sa mère, qui la voulait sauver, ne se fût pas exposée, peut-être, en sachant qu'elle courait elle-même à la mort ; mais on n'a pas toujours le temps de réfléchir, et l'Égoïsme l'emporte.

— L'Égoïsme ? s'écria la petite dame à dentelles, que dites-vous, mon Dieu !—Mais c'est de la folie.

— Puisque madame la comtesse vous a prévenue que je suis fou, laissez-moi donc parler, madame ; ne condamnez pas sans entendre.

Cette jeune fille s'est tuée par amour, cela se voit ; — sa mère l'adorait, cela se dit ; — mais je dis, moi, que cette mère n'adorait qu'elle-même, qu'elle seule, et qu'en se dévouant, soi-disant pour sa fille, elle ne s'est tuée que pour elle-même ; — et je le prouve :

Il est constant qu'une mère aime son enfant ; — mais pourquoi l'aime-t-elle, et plus que quoi que ce soit au monde, sinon parce qu'il est le fruit de ses entrailles, et partie indivise d'elle-même ? Objecterez-vous que c'est pour l'amour que lui donne son enfant ? — Non ; — car vous concevez bien que, quand la créature vient au monde, elle n'a aucun sentiment moral ; ce n'est donc que parce que ce petit être est sorti de son sein ; c'est donc pour elle-même, pour elle seule, qu'elle l'aime. C'est le lien du sang qui fait l'amour mater-

nel ; car, s'il en était autrement, une mère
aimerait autant que les siens les enfants de
son voisin ; et aimer sa chair et son sang,
c'est s'aimer soi-même. — Qu'il soit beau,
bien fait, bien portant, comme le bonheur
éclate sur son visage, et qu'elle est fière de
lui ! — je veux dire d'elle, car elle admire en
lui son image ou son œuvre. — Qu'il soit
laid, difforme ou malingre, quelle tristesse
profonde s'empare de son cœur, et change en
amertume la joie qui la faisait tressaillir
avant de l'avoir vu ; et, alors, comme elle
l'aime ! — Mais combien plus heureuse ne se-
rait-elle pas de ne point être mère !

Cet enfant grandit, et concentre presque
toutes les affections de sa mère ; qu'il l'aime,
comme il est de nature, rien n'égalera la
force de l'amour maternel ; mais, qu'il la repousse, et qu'elle l'aime, pourtant, de toute
son âme : pour qui cet amour inquiet et plein
de sollicitude qui veille au bonheur de son
enfant, malgré lui ? Pour qui cette protection
quasi-divine qui plane sur la tête de cet enfant cruel, qui ne lui en sait pas gré ? Pour
qui tous ces soins ingénieux à ramener cet

amour ingrat ? Pour qui, sinon pour elle, dans la terreur de perdre son enfant, qui ne la paie pas de son amour par le sien ?

Qu'une mère ait deux enfants ; que les caresses de l'un la sollicitent sans cesse, et que la fuient celles de l'autre : combien son affection pour eux est différente ! combien plus elle aime celui qui l'aime davantage, et quelle préférence ne lui marque-t-elle pas !

Vous ne nierez point, j'estime, que ce ne soit de l'Égoïsme ? — Mais il ne se produit jamais en soins plus délicats, plus fins, plus inaltérables, que dans l'amour maternel. — Voyez cet enfant grandir et boire goutte à goutte la tendresse de sa mère, comme autrefois, goutte à goutte, il a bu son lait ; — les lèvres maternelles sont encore des mamelles, qui lui nourrissent l'âme du miel le plus pur et le plus bienfaisant. — Par son âme, comme par son visage, l'enfant devient pour sa mère un miroir où elle s'extasie tout le jour ; — mais ne perdez pas de vue que c'est elle-même qu'elle y regarde, et qu'elle s'y complaît d'autant plus, que son enfant, physiquement ou moralement, lui ressemble davantage. —

Plus il avance en âge, plus toute sa tendresse augmente; on dirait que ce corps est un capital qui gagne, par son volume, sa valeur. — Mais ce n'est que la mesure qu'elle y a mise d'amour et de sacrifices qui le fait chérir; aussi, plus l'âge arrive, plus elle l'a aimé, plus elle l'aime ; c'est pourquoi l'amour maternel devient plus profond et plus inaltérable, à chaque pas de l'enfant; — mais seulement parce qu'il est d'elle, mais seulement parce qu'il est sa chair, mais seulement parce qu'il lui semble la recréation d'elle-même; mais seulement à cause de son amour, de ses soins, de sa sollicitude, de ses sacrifices; en un mot, à cause de tout ce qui lui est personnel : — par Égoïsme.

Pour conclure, par un dernier trait, qui corrobore ma raison, je reviens à ma noyée :

Croyez-vous que ç'a été pour sa fille que cette mère s'est sacrifiée? — Non, sans doute, puisque sa fille ne l'aimait plus, ou l'aimait moins que son amant; — ce n'a donc été que pour elle-même, parce qu'ainsi périssait l'objet de son amour, de sa tendresse, de ses affections les plus fortes, tout son bonheur,

enfin, qu'elle voyait s'évanouir ; non, ce n'a
pas été pour sa fille qu'elle s'est dévouée, et
vous comprenez, comme moi, qu'elle n'a agi
que pour elle-même.

Venez donc, maintenant, vous inscrire en
faux contre l'Égoïsme de l'amour maternel.

— De vous toutes, mesdames, que celles qui
sont mères disent qu'elles n'aiment leurs enfants que pour eux, et non pour elles-mêmes,
— qu'elles osent donc : — vous n'oserez pas !

— Mais, hasarda encore ma jolie poupée,
lorsque nous marions nos enfants, est-ce là
de l'Égoïsme ? et nous séparer d'eux pour faire
leur bonheur, n'est-ce point du dévouement ?

Un murmure général et approbateur en-
hardit la petite dame, tout heureuse de sa
question, et qui me tint pour vaincu ; la comtesse l'embrassait de plaisir et me riait au
nez d'une façon charmante. — Je me pris à
les regarder en souriant aussi, et, je ne sais
pourquoi, tous redevinrent sérieux.

— Madame, le consentement d'une mère
au mariage de son enfant est le plus grand
et le dernier sacrifice que sache s'imposer,
que s'impose une mère.

L'amour est plus puissant que l'amour filial ; c'est pourquoi la mère livre son enfant et que celui-ci abandonne sa mère. Il faut qu'elle soit bien certaine du pouvoir de l'amour ; car voyez quel sacrifice immense que celui de la moitié de sa vie à un homme qu'elle ne peut profondément connaître, que souvent elle ne connaît ni n'aime, et qu'elle n'aime plus tard que par l'amour que sa fille a pour lui : — mais elle n'ignore pas qu'en refusant ce sacrifice elle peut s'aliéner l'amour de son enfant, et comme cet amour est ce qu'elle a de plus précieux, elle préfère y consentir à risquer de le perdre en voulant le contraindre. — Je soupçonne que la noyade de la mère et de l'enfant ne provient pas d'une autre cause, ce qui prouve que l'amour maternel peut être tellement égoïste, qu'il en devienne criminel.

Mariez donc, madame la comtesse, mariez votre enfant selon son cœur, sans regarder de trop près au plus ou moins de fortune ; sinon, le lac n'est pas bien loin de nous, et, plus près, nous avons le Wildsee qui ne rend pas souvent les corps que l'on y jette.

— Taisez-vous! taisez-vous!s'écria la comtesse, vous êtes effrayant, et vous ne songez pas que mon enfant est là.

— Au contraire, comtesse, c'est pour elle que je parle, — et que je vais parler si vous me permettez de continuer mes transmutations.

— Parlez, — à la condition de nous dire, après, quelque histoire : lorsqu'on vous écoute longtemps, on devient triste pour huit jours.

— C'est trop penser à moi. — J'ouvre donc le creuset de l'Amour filial, et ma spatule n'y remue qu'une matière qu'on appelle Égoïsme.

— Encore !

— Toujours, — c'est invariable.

— Vous êtes bien heureux d'être fou.

— Pas assez, comtesse, pour vous ennuyer davantage.—Je vais commencer une histoire.

— Laquelle?

— Celle du plus grand seigneur que vous connaissiez.

— Oh! oh! que demandez-vous là, comtesse!

— Je le prends donc à son origine :

Il était une fois un voleur....

Un éclat de rire me coupa la parole, — j'en profitai.

— Non , comtesse ; — écoutez une histoire toute récente et qui n'a point encore de dénoûment :

Un jeune homme riche, noble , et qui n'a que le défaut d'être trop amoureux ; qui tient à une famille dont la singulière coutume est d'enterrer ses morts dans des mausolées magnifiques ; un jeune homme, dis-je, est ici depuis peu, qui n'est venu que pour voir la personne qu'il aime et qui de tout point est charmante : — il a bon goût. — Mais, je vous l'ai dit, il a le défaut d'être trop amoureux et de vouloir grossir les eaux de la pluie de ses larmes : je l'ai surpris hier au bord du Mummelsee très-gravement plongé dans cette excentrique occupation ; c'est un original qui ne fait rien comme les autres. — Étonné de le rencontrer larmoyant comme un saule que le vent plonge dans l'eau, je lui demandai et j'appris la cause de ses larmes : il aime, — donc il pleure ; c'est une conséquence ; il pleure, — donc il aime. — Je sus que la jeune fille se trouvait, et elle se trouve sans doute encore, à Baden, et me promis de m'employer à ses fins, dans le seul but de tarir ses pleurs qui m'impatientaient. — Si donc vous n'avez rien de mieux à faire, nous l'irons voir demain, et c'est chose curieuse qu'un homme se livrant ainsi à un désespoir ridicule et dont nous le pouvons guérir par des conseils ou par.... — Y viendrez-vous, comtesse?

— Eh quoi! vous voulez que nous allions tourmenter sa douleur et mêler votre fiel à ses larmes?

— Mais, comtesse, cet homme souffre, il faut le guérir, et je ne conçois pas que vous vous y refusiez.

— Vous le voulez guérir en doublant sa peine?

— *Similia similibus.* — J'irai vous prendre demain, n'est-ce pas?

— Et nous irons...?

— A deux pas, au Teufelshufeisen.

— Répétez, je vous prie.

— Dieu m'en garde! c'est au moins un mot cabalistique, et, tout en vous effrayant, j'aurais peur.

— Êtes-vous sûr de l'y trouver?

9.

— Comtesse, demandez , s'il vous plaît, à M. de Willencourt; — il y sera, n'est-il pas vrai ?

— Oui, madame, répondit mon voisin, tout embarrassé de lui-même.

— Vous partez ? Et l'histoire que vous m'avez promise ?

— Pour demain, comtesse.

— Sachez qu'il faut m'en préparer quelques-unes ; car le temps est déjà moins court, et vous ne vous rachèterez qu'à ce prix.

— Tenez, comtesse , faites comme Mme de Boufflers :

> Dimanche, je fus aimable;
> Lundi, je fus autrement ;
> Mardi, je pris l'air capable;
> Mercredi, je fis l'enfant.
> Jeudi, je fus raisonnable;
> Vendredi, j'eus un amant;
> Samedi, je fus coupable;
> Dimanche... il fut inconstant.

Je vais au jeu sacrifier dix louis à une expérience pour le traitement de mon sujet. — Songez à vous lever de bonne heure ! — Au revoir, madame la comtesse.

— Doucement , s'il vous plaît ; prêtez-moi votre bras ; je veux parier avec vous.

La comtesse tint contre moi vingt louis que je gagnai ; cinq fois passa la rouge , et de cent francs que j'y plaçai, j'en empochai trois mille deux cents. — J'en avais plus qu'il n'en fallait pour servir mon dessein. — Je désertai la salle, et m'emparant du bras de mon sujet :

— Vous avez bien compris, lui dis-je, que je suis le plus froid et le meilleur des hommes ; je veux employer mon crédit à satisfaire votre amour ; nous irons à la montagne du *Sabot-du-diable ;* la comtesse et sa fille y seront ; je tâcherai de conclure ; soyez homme : le temps n'est plus à n'être qu'un enfant ; nous traiterons ce mariage comme une affaire de commerce, c'est la mode ; et vous verrez que votre amante, si imbue qu'elle soit de l'amour filial, renoncera bientôt à la tendresse de sa mère pour se livrer tout à la vôtre, qu'elle n'est pas certaine de conserver toujours, et qu'elle troquera de gaieté de cœur, malgré que l'amour maternel soit plus profond et plus inaltérable.

Je veux vous faire entendre que cet amour

filial n'est pétri que d'un Égoïsme invincible.

Vous aimez votre mère, c'est bien, — car elle a tout fait pour vous. — Mais je vous défie, malgré votre répulsion singulière, de nier que ce ne soit que parce qu'elle a tout fait pour vous. — Tant que les soins maternels nous sont indispensables et nous touchent directement, notre amour filial est ardent et se nourrit de la nécessité même que nous ressentons de ces soins; mais quand, semblables aux petits des brutes, nous pouvons marcher seuls et nous passer de cette tendresse infinie, nous nous en éloignons bien insensiblement et sans nous en apercevoir, distraits que nous sommes par la pensée de notre esprit qui nous en détache peu à peu. La mesure de cet amour est donc celle de nos besoins qui s'y rapportent, et dès là que nous pouvons nous y soustraire, il ne nous tient que faiblement; une chose casuelle le détache de nous et s'y met à sa place sans douleur, sans secousse et *naturellement;* peu à peu nous nous en trouvons détournés, qui par l'amour, qui par l'ambition, qui par la fortune, où chacun puise, selon son goût, son bonheur, des sensations, sinon plus douces, du moins plus fortes et plus durables par l'Égoïsme dont nous les remplissons. — Pensez bien que ce n'est point pour elle que nous aimons notre mère, et que ce n'est que pour nous; car lorsqu'un sentiment nous offre une plus puissante attraction, nous nous y laissons entraîner, sans demander à cette pauvre mère si son cœur saigne de l'abandon que nous faisons de son amour.

Vous voyez clairement que l'amour filial, aussi bien et plus que le maternel, est égoïste. Je ne suppose pas un instant que vous vouliez en nier l'évidence : vous y perdriez votre peine et l'estime que j'ai de votre intelligence. Pourtant, je ne déteste pas trouver une raison qui combatte la mienne, et vous serai obligé de m'en fournir une ; — cherchez. — L'Égoïsme de l'Amitié fera l'objet d'un entretien aussi peu agréable, et que vous pourrez éviter.

J'ai l'honneur de vous faire observer que je n'analyse encore que l'Égoïsme palpable, si je puis ainsi dire, et que, décomposées la Religion et l'Amitié, nous prendrons aussitôt l'Égoïsme immatériel ou de l'âme, que vous comprenez moins encore, que vous comprendrez aussi bien. — Allez donc maintenant réfléchir à votre discours de demain, tout en songeant que votre amour n'est qu'un ramassis d'Égoïsme engraissé de brutalité.

# CHAPITRE IV



« Monsieur,

» Votre entretien d'hier au soir m'a plongé
» cette nuit dans des réflexions personnelles
» que je veux vous soumettre, et qui dimi-
» nueront, je crois, la somme d'Égoïsme que
» vous placez à intérêts sur l'amour maternel
» ou paternel. — J'ai marié ma fille au baron
» d'Orenbach, et je m'en trouve bien. Cette
» enfant faisait tout mon bonheur ; la crainte
» de la perdre avait augmenté cet amour au
» point, que la seule pensée de le voir s'affai-
» blir un jour le rendait infini ; l'on m'eût de-
» mandé mon repos, ma fortune, que j'eusse
» sacrifié tout avec joie pour ne m'en séparer
» jamais. — L'âge et les circonstances firent
» naître un amour que je ne cherchai point

» à combattre, sachant qu'il était le bonheur
» de mon enfant ; mais, sans pouvoir con-
» centrer en moi la tristesse que j'en ressen-
» tais, mon amour paternel s'en augmentait
» encore, et son excès même me trahit. Ma
» fille, comprenant ma souffrance, se voulut
» dévouer en s'arrachant à ce bonheur qui
» étouffait le mien ; il fallait prendre un dé-
» tour et donner à mon amertume une cause
» étrangère ; elle me crut et se maria. —
» D'un mot, je pouvais donc conserver tout
» entière cette affection qui m'emplissait le
» cœur et que je sacrifiai cependant au seul
» bonheur de cette enfant qui se fût sacrifiée
» pour moi ; je livrais son amour à un
» homme qui ne m'était de rien, et qui, peut-
» être, m'en allait séparer pour toujours. —
» Mais je ne l'abandonnais ainsi que pour
» elle et non pour moi, que pour satisfaire
» son cœur et non le mien, puisqu'il se dé-
» chirait lui-même par ce volontaire aban-
» don.

» Je ne sache pas, monsieur, que ce soit là
» de l'Égoïsme ; et, malgré l'infaillibilité dont
» vous vous faites fort, j'estime que vous vous

» êtes trompé, et j'espère que vous voudrez
» bien en convenir, comme ami, avec moi. »

Telle est la lettre que me remit à mon lever le garçon de l'hôtel de la part de M. de ***. Je tais le nom, car je fus honteux pour l'auteur de son étrange aberration ; de ma vie, je n'avais reçu lettre plus singulière ; elle m'apprenait, il est vrai, que la fille de M. de *** est mariée au baron d'Orenbach. — Eh ! que m'importait à moi ? — Mais, croyant que le douteur s'était pri au sérieux, je m'empressai de lui répondre :

« Je regrette, monsieur, de ne pouvoir
» harmonier ma pensée à la vôtre, et que
» vos *réflexions* ne vous aient pas conduit
» au point que vous tentez impossiblement
» d'éviter. Veuillez bien faire état de cette
» base inébranlable : l'Égoïsme est le cœur de
» l'homme ; — et même ce que nous voulons
» faire pour nous en empêcher ne nous vient
» que de lui. Le prouver est facile, bien que
» je ne veuille pas vous ennuyer à le faire.
» C'est la crainte de cet Égoïsme qui a faussé
» vos *réflexions*. Si vous aviez interrogé votre

» conscience, et que vous vous fussiez re-
» pondu sans avoir eu peur de vous répondre
» franchement, car vous ne l'avez pas osé,
» vous seriez aujourd'hui convaincu.

» En consentant, par le mariage de votre
» enfant, au sacrifice d'une part de son
» amour, vous saviez bien n'agir ainsi que
» pour en sauver l'autre part que vous trem-
» bliez qu'un refus ne perdît tout d'un coup
» ou n'affaiblît avec le temps; vous aimiez
» ou vous aimez tant votre enfant, que vous
» avez songé que sa douleur serait la vôtre,
» et bientôt vous avez reconnu que votre ré-
» sistance, bien que douce pour vous, serait
» la cause de deux infortunes : la vôtre, en
» suite de celle de votre enfant; de deux
» maux vous avez choisi le moindre, et vous
» avez bien fait; l'Égoïsme ordonnait, vous
» avez obéi, et ne pouviez faire autrement.

» Pour triste que je sois de vos réflexions
» irréfléchies, je n'en aurai pas moins le plus
» grand plaisir à vous voir ou à vous lire en-
» core; mais je vous conseille, si vous me le
» permettez, de renoncer dès cette heure à
» vouloir opposer une raison, si convaincante

» que vous la supposiez, à la présence d'un
» Égoïsme universel : vos efforts seraient
» vains, et j'aurais la douleur de n'y voir
» qu'une monomanie contraire absolument à
» la mienne, qui a cela de bon qu'elle ne s'ap-
» puie jamais qu'au cœur même de l'homme. »

Après avoir écrit cette belle réponse, j'allai chez un fameux docteur qui n'avait encore dépêché qu'une vingtaine de malades.

—Docte docteur, lui dis-je, ne vous étonniez pas de ma demande ni n'en prenez souci ; répondez-moi simplement oui ou non : vous savez que je n'aime pas les phrases. Il s'agit de me préparer une longue bande de toile où vous peindrez avec vos drogues un ulcère des plus dégoûtants ; vous l'arrangerez de telle sorte, que la *chose* se puisse rouler au bras et présenter une plaie repoussante, mais si naturelle, que l'œil le plus exercé s'y méprenne. — Est-ce possible ?

— Oui.

— Sera-ce prêt ce soir ?

— Oui.

— Je reviendrai.

— Bon.

— Qu'il serait heureux que tous les hommes fussent laconiques comme vous !

———

— Oui, comtesse, dis-je à M<sup>me</sup> de Neuville en lui donnant le bras, pendant que nos compagnons marchaient à cent pas devant nous, je connais un jeune homme qui aime votre fille et qui l'aime vraiment; à toute autre que vous je dirais : mariez-les tout de suite, — il est riche : et cela suffirait. — Mais à vous, que je crois au-dessus de ces cruelles convenances, je dis : Mariez-les, ils s'aiment; — ils s'aiment, je le répète, je l'ai vu. — Chut ! — écoutez encore. — Pourquoi vous refuser à signer ce bonheur? Aujourd'hui, vous savez qu'il est rare ; l'amour est une marchandise qui se pèse et se vend..... ou ne se vend pas; c'est le monde. Un instant arrachez-vous , comtesse, à ces grossières habitudes qui répugnent à votre cœur privilégié; vous pouvez rencontrer un fiancé plus riche et plus haut monté sur échasses; mais croyez-vous qu'il faille à l'amour simple et vrai, à deux cœurs qui se forment un monde à eux, qui n'aiment et ne voient qu'eux et ne parlent que d'eux, croyez-vous qu'il faille des trompettes et des tambours? Ce sont de jeunes âmes, bonheur doux et mystérieux, qui redoutent que leur ivresse ne se trahisse elle-même et ne se livre aux risées de chacun ; un regard, un soupir, un mot, une fleur, une feuille, a pour eux tout un sens que ne comprend personne; tout ce qu'ils voient devient un sentiment, un souvenir plein de charme qu'ils se rappelleront toujours ; c'est une ivresse intuitive, impalpable encore, même incompréhensible, quasi-divine, — mais qui dure si peu ! — Laissez-la-leur ; ah ! ne tarissez point cette coupe céleste qu'ils portent si naïvement à leurs lèvres tremblantes et frémissantes de bonheur ; laissez-la-leur, cette ivresse innocente et pleine de tous les tressaillements de l'âme ; n'effeuillez point, ah ! n'effeuillez jamais cette fleur invisible dont le parfum les enivre si bien ! Les voyez-vous, jeunes tous deux, tous deux amoureux l'un de l'autre, devenant leur univers ; s'aimant, s'adorant même, — n'aimer, n'adorer qu'eux, et ne rien comprendre au delà : Égoïsme, Égoïsme divin, mais qui dou-

10.

blera votre amour ; leur bonheur deviendra
le vôtre, vous les aimerez autant, plus même,
et plus longtemps surtout qu'ils ne s'aime-
ront eux-mêmes, les fous, et leur amour lassé
rejaillira sur vous qu'ils viendront aimer à
l'envi ; félicité briève, bonheur presque instan-
tané, — mais si grand et si vrai ! — si grand
et si vrai pour n'être pas compris — heureusement ! — Laissez-leur donc cette folie passagère, cette illusion, la seule qui soit vraiment pure, ce mensonge qu'ils se font tour à
tour ; quelle erreur plus douce et moins coupable ? — Laissez-leur ce rêve d'un instant,
le paradis où s'endorment ces jeunes âmes ;
qu'ils rêvent bien longtemps, bien longtemps
est si peu ! — Et vous qui le pouvez, bercez
leur rêverie, comtesse, ne les réveillez pas.

—Dirait-on, à vous entendre, que vous êtes
le plus froid des hommes ? Vous plaidez fort
bien l'amour, je vous jure, et sortez un peu
trop de votre caractère.

—Eh ! comtesse, ne suis-je pas aussi le
meilleur des hommes ? Le bien est ma nature ;
je n'en changerais pas pour quoi que l'on
m'offrît ; j'aime à voir le bonheur, c'est une

rareté ; le rare est presque toujours beau ou
bon, car les hommes sont laids et méchants ;
le contraste me plaît, et le bien seul peut l'é-
tablir ; je me ris, il est vrai, du bien comme
du mal, mais à mon point de vue, c'est-à-dire
de la foi du monde et de son erreur relatives
au bien ou au mal, à sa cause, à son but.

— Je veux connaître, au moins, l'amoureux
de ma fille, et voir s'il me plaît.

— Égoïste que vous êtes ! N'avez-vous pas
dit : S'il me plaît ? Et qu'importe ! pourvu
qu'il plaise à votre enfant. Effacez - vous ,
comtesse ; ne regardez que son bonheur ; ne
songez plus au vôtre ; le sien ne le sera-t-il
point, et le vôtre ne serait pas le sien ; s'il
l'aime, si elle l'aime, qu'il vous suffise de le
savoir. — Si l'on pouvait compter sur la parole d'une femme, je vous dirais : Mariez-les,
mais le plus tard possible ; laissez-les jouir
longtemps encore de cet amour immatériel
qui ne se fane pas ; retardez, retardez cet
amour des sens si funeste à celui de l'âme :
l'un est certain, l'autre fragile ; l'un plus fort
chaque jour, l'autre plus faible , par cette

raison que l'un désire toujours et que l'autre a tout obtenu.

— Ah! que vous êtes bien le plus froid des hommes!

— Je l'avoue; mais vous ne nierez pas que je ne pense vrai, et que si notre nature permettait que nous n'aimassions que par l'âme, nous ne fussions bien plus heureux.

— Allons, mon pédagogue, notre nature s'y oppose; n'en parlons plus, — et marchons un peu plus vite: on pourrait croire que je tente votre conversion, et que d'athée vous devenez chrétien.

— Comtesse, vous savez que je n'aime que Dieu.

— J'en suis presque jalouse.

— Et ne dois-je pas aimer les saintes? n'en êtes-vous pas une?

— Je ne sais, — mais il ne faut jurer de rien, et peut-être le suis-je... à votre point de vue.

— Croiriez-vous, comtesse, que cette roche s'appelle la Teufelskanzel?

— Traduisez.

— Chaire-du-diable.

— Je comprends qu'elle vous plaise et que vous vous y trouviez bien ; c'est la vôtre, n'est-ce pas ?

— Aussi vrai, comtesse, que vis-à-vis c'est la vôtre : l'Engelskanzel, ou Chaire-de-l'ange.

—Répondez, n'êtes-vous point malade, aujourd'hui ?

— Pas plus que Bazile, pourvu que vous ne deveniez point Rosine. — Pourquoi ?

— Parce que vous n'êtes plus le même et que le plus froid des hommes pourrait bien... Répondez franchement, pourquoi n'êtes-vous plus le même ?

— Vous ne comprenez point, comtesse, que je ne parle pas pour moi, et que je tâche à me mettre au mieux avec vous afin de gagner votre cœur à mon pauvre amoureux ? — Je le dis à la comtesse de Neuville, — qui est mon amie, — et non à la mère de M<sup>lle</sup> Inès.

La comtesse me tendit sa main, que j'embrassai, — comme le veut la mode.

— Mais cet amour, jamais ma fille ne m'en a dit un mot.

— Et c'est leur tort, à toutes ces enfants ; elles ne comprennent pas ce qu'il est de bonté dans le sein d'une mère, et qu'elles doivent y verser tout ce qui bruit dans le leur ; elles doutent de cette providence, de cet amour inépuisable, comme on doute du bien, et ne conçoivent pas que le cœur d'une mère soit capable d'une bonté infinie. Mais à qui donc confieront-elles leur bonheur ou leur peine, leurs espérances ou leurs déceptions, leurs désirs ? qui donc choisiront-elles pour véritable amie, autant qu'on le puisse être ? — de qui attendront-elles des consolations, ou du moins qui leur séchera pour un instant les yeux, ou qui ressentira comme elles leur joie ou leur souffrance, sinon ces femmes qui les ont portées dans leurs flancs, qu'une ivresse douloureuse, craintive et sainte a fait si longtemps, si délicieusement tressaillir ? — Non, elles ne comprennent pas, ces jeunes filles ingrates, — ou ignorantes, que la joie qui fait battre leur sein a son écho profond et bien plus véritable dans le sein de leurs mères, et que leur bonheur est encore plus celui des saintes femmes qui les couvent de leur amour. — Je ne serais pas étonné que l'amour maternel devînt un sentiment banal comme l'amour ou l'amitié, que la femme ne tînt pas plus à sa mère qu'à son amant ; et peut-être verrons-nous, ce qu'à Dieu ne plaise ! une fille oublier sa mère quand elle n'aura plus besoin d'elle. — C'est encore dans les choses possibles et même qui se font.

Ne réfléchissez pas, comtesse, à ce que je viens de vous dire : le mal naît toujours assez tôt pour qu'on s'oublie à le pleu-rer ; songez seulement à conserver le cœur de votre enfant en favorisant son désir, et croyez bien que son amour, tout grand qu'il est, en deviendra plus fort et plus durable, par cela seul que vous l'aurez doublé d'un amour plus puissant que le vôtre.

— Qui vous a dévoilé le secret ?

— Je l'ai surpris dans un regard, regard plus parlant que la voix. Ah ! les amants ! sans se parler ils se disent beaucoup, — au contraire de bien des gens qui ne vous disent rien en vous parlant beaucoup.

Nous étions arrivés au faîte de la roche ; je laissai ma comtesse, qui me serra la main, tout en me montrant du doigt la petite poupée aux dents blanches.

— Holà ! monsieur le pédagogue, me demanda la jeune folle, toujours en riant, dites-moi donc où nous sommes.

— A la Chaire-du-diable.

— Eh bien, prêchez-nous son histoire.

— Madame, votre nom ?

— Qu'importe ?

— Dites toujours.

— Baronne d'Orenbach.

— Ah ! mon Dieu !

— Qu'est-ce donc ?

— Je ne connais que vous.

— Vraiment ? — Et depuis quand ?

— Depuis ce matin.

— Et comment ?

— Par correspondance.

— Ou par sympathie ?

— Pourquoi non ? Vous êtes jeune et jolie, c'est un grand pas fait sans peine, et c'est le plus souvent la cause de l'amour.

— Mais, vous êtes le plus froid...

— Et le meilleur... Il faut donc que je vous aime.

— Mon histoire du diable.

— Le diable, voulant ensorceler tous les hommes, se déguisa, un jour, en baronne d'Orenbach ; sa victoire fut complète.

— Monsieur le pédagogue, car je ne vous connais que ce nom, c'est une histoire qu'il nous faut, un conte qui nous défraie d'une conversation.

— Un jour donc, — écoutez bien, c'est une histoire vraie, — il fut un temps où les premiers prêtres chrétiens enseignaient ici l'Évangile ; la parole de Dieu, douce comme du miel, attirait tous les hommes et séduisait leur âme, qui s'enivrait de son humanité ; la foule accourait chaque jour plus nombreuse à la lecture de la sainte parole, et, chaque jour, comprenait mieux, adorait plus son Créateur, Le diable, se voyant oublié de la sorte et ne s'oubliant pas lui-même, accourut aussitôt par la route invisible d'où nous viennent les eaux, et s'installa, sans autre forme, sur le haut de ce mont, peut-être à la place où je suis. Sa voix, il le faut croire, est éloquente et forte ; car il se fit si bien entendre, il déploya tant d'harmonie à promettre un bonheur éternel à tous ses partisans, qu'il les convertit à son tour, et enchaîna par sa faconde tous les hommes. Telle est l'origine du nom de ce rocher : Teufelskanzel, chaire du diable. — Satan se faisait donc de bonnes gorges chaudes, quand un jour (contre-temps fâcheux !) on aperçut, au sommet de la roche voisine, en face, — (regardez, madame la baronne d'Orenbach, fille de M. de ... Chut ! point d'étonnement, pas un mot, — ou j'apprends à tout le monde votre dévouement filial ; vous voyez bien que je sais tout), — quand un jour, dis-je, sur la montagne voisine apparut, resplendissant d'une flamme céleste, un ange radieux ; sa voix était tout une mélodie suave, ineffable, entraînante et tellement irrésistible, que, cette fois encore, le diable fut vaincu. C'était vraiment jouer de malheur ; car les hommes ne demandent pas mieux que de l'aider dans son petit commerce, et s'y prêtent bien volontiers. — Cet autre rocher s'appelle donc Engelskanzel, chaire de l'ange. — Mais voyez quel démon

est ce diable! De dépit furieux, il fit un bond
effrayant sur cette montagne, là-bas, à
l'autre bord de la Murg, et commença le plus
affreux charivari du monde ; il brisait d'é-
normes quartiers de roche qu'il lançait d'une
hauteur prodigieuse dans les vallées d'alentour, et qui roulaient de gouffre en gouffre
avec un bruit épouvantable ; il soulevait des
montagnes avec lesquelles il éventrait la
terre ; il les broyait les unes contre les autres ;
enfin, composait à lui seul un sabbat bien
autrement exécuté que ne le pourraient faire
tous les juifs à Pâques. N'allez pas croire, au
moins, qu'il n'agissait ainsi qu'emporté par
une rage impuissante et vaine : le diable a
toujours son sang-froid ; et ce vacarme avait
un but, celui de faire tant de bruit, que les
paroles de l'ange se perdissent dans l'air et
ne pussent entraîner les humains. — Hélas !
— (décidément il jouait de malheur ; — depuis il s'est largement rattrapé) — Dieu apparut tout à coup sur la plus haute roche
que vous apercevez devant vous, saisit le
monstre, et le lança d'une telle force contre
cette montagne, que l'empreinte de son pied

s'y voit encore ; d'où le nom de Teufelshufe-
sen, sabot du diable.

J'ai dit.

— Et celle où apparut le Seigneur, quel
nom ?

— Herrenwiese, ou prairie du seigneur.

— Vous m'écrirez ces noms, n'est-ce pas ?
Je ne pourrais jamais les retenir, et je tiens
à faire croire que j'ai tout visité.

— Remarquez que ces événements sont nés
de l'Égoïsme : les prêtres enseignent leur
doctrine dans la croyance qu'elle est la seule
bonne, ou du moins la meilleure ; le diable ne
prêche que pour lui ; et l'ange veut faire
triompher la parole de Dieu, parce que ce
Dieu est le sien.

— Hé donc ! monsieur le pédagogue, reprit
la jolie poupée, oseriez-vous nous soutenir
que la religion est égoïste ?

— J'espère bien, madame la baronne, que
vous n'en doutez pas.

— Savez-vous que vous êtes curieux à en-
voyer au jardin des Plantes ?

— Eh ! madame, je sais depuis longtemps
qu'on a plus soin des animaux que des hommes,

et que des pauvres meurent de faim devant
des brutes rassasiées. J'y serais sûr d'une
pension alimentaire.

— Expliquez donc cet Égoïsme, me dit un
vieux monsieur que je n'avais pas encore remarqué parmi nos compagnons de route, et
qui me regarda tellement, que je ne doutai
plus que ce ne fût M. de … , le signataire de
la lettre.

La comtesse et la baronne se riaient à l'envi
de l'embarras où elles me croyaient être à
cette invitation qui nous ramenait à un point
d'où nous nous écartions.

— Monsieur, dis-je à cet incrédule, je
crains que la conversation ne soit pas du goût
de ces dames, et nous ferons bien de la re-
mettre à plus tard.

— Point, s'il vous plaît, monsieur le pédagogue, reprit la petite baronne, et ne prenez
pas de détour ; si vous nous ennuyez, nous
nous endormirons, et s'il en est ainsi, comme
j'ai peu de sommeil, ce sera une obligation
dont je vous saurai gré.

— J'y ferai mon possible.

Descendons, si vous le voulez bien, au fond

11.

de nos pensées pieuses, et cherchons la cause
de notre amour de Dieu. — Avant tout, rai-
sonnons un peu sur le monde en général.

L'homme est le maître de la nature, et toute
la nature n'a été créée que pour lui: trouvez-
y un être, une chose qui ne lui soit point
utile, depuis ce qui sert à son existence jusqu'à ce qui la détruit, jusqu'à cette destruc-
tion même; depuis l'homme vivant jusqu'à
son cadavre; depuis sa nourriture jusqu'à
son excrément; je vous quitte du reste, et je
vous dis que Dieu n'est pas. Cette coordon-
nance admirable, cette utilité de toutes choses
ramenée à l'homme, est la preuve qu'une
puissance incomparablement supérieure, in-
définissable, impalpable même par la pensée,
dont on ignore le commencement, dont on a
peur de supposer la fin, a tout créé pour
l'homme, dont elle a fait son chef-d'œuvre.
Cette puissance, c'est Dieu. Qu'elle soit sous
la forme d'un ibis ou d'un crocodile, d'un fé-
tiche ou d'une pagode, ou de l'Éternel, c'est
toujours Dieu : la même pensée différemment
rendue, le même amour diversement prouvé;
et nous qui recouvrons Dieu de l'image de

l'homme, nous ne le peignons de la sorte que parce que, ne voyant aucun être qui nous soit supérieur, nous croyons avoir été créés à l'image de Dieu. Créateur de toutes choses, quel est donc son créateur? — Mais le plus savant en ce point est aussi simple que vous; il est ce qu'il est, incomparable, immense, plus que tout ce qui est. Quel nombre de voix peut s'élever à lui ! Nous prions Dieu, c'est bien ; mais qui vous dit que les animaux, les arbres, les plantes, n'aient pas un langage qu'il écoute comme le nôtre? Ils souffrent quand on les tue ; ils répandent du sang quand la cognée les entame ou que la main les cueille. A part du reste de la création, la terre et l'eau vivent insensibles, pour ainsi dire, sous toutes les atmosphères et sous toutes les formes ; ces deux principes de la vie de l'homme vivent toujours pour l'homme, seules infécondes de leur matière infaisable, impérissable.

Dieu est; si des hommes repoussent cette omnipotence et retranchent du vrai la protection divine, c'est qu'ils veulent semer leur vanité stupide et nier la lumière qu'ils voient et qu'ils nient, pour persuader au monde, dont ils sont la risée, qu'eux seuls connaissent leurs futuritions. Mais s'il m'était donné de sonder leur âme, que bientôt j'y verrais la fausseté de leurs paroles ! Cette incrédulité censée que leurs lèvres menteuses jettent impudemment à la face de la société n'est qu'une opposition puérile et ridiculement impuissante ; et si leur voix sans écho crie dans le désert du monde que Dieu n'existe pas, la terre entière se lève rayonnante de splendeur pour lui consacrer son amour.

J'ignore s'il est parmi vous un athée ; je déclare donc que je lui fais toutes excuses possibles d'avoir parlé ainsi, mais que, néanmoins, je suis prêt à répéter les mêmes choses relatives à ses croyances, et que je le tiens sinon pour le plus insensé, du moins pour le plus fou de la terre.

Admettons l'existence de Dieu, et cherchons maintenant la cause de l'amour que nous avons pour lui.

Nous aimons Dieu ; — pourquoi ? — Pour ses bienfaits présents ou espérés.

Ai-je besoin d'aller plus loin? l'Égoïsme n'est-il pas là? — Poursuivons.

Si Dieu n'était que l'auteur et qu'il ne fût pas le moteur du monde; si, au lieu qu'il nous prodiguât tous les biens de la terre, il ne nous donnait rien; s'il n'était que comme une idole stérile à vénérer dans un temple; s'il n'était point notre espérance, notre soutien éternel, l'aimerions-nous de cet amour profond, inaltérable, que nous ressentons pour lui? — Non. — Si nous lui confessons nos fautes, si nous le prions de nous en éviter de nouvelles, si nous recherchons son amour, si nous nous privons des plaisirs qu'il défend, ce n'est que pour n'encourir pas sa colère; si nos voix s'élèvent pour le bénir, ce n'est que pour le remercier de ses dons et que pour en quêter de nouveaux, et si parfois nous suivons ses préceptes, ce n'est que pour notre salut. — Nous n'agissons donc que pour nous.

Des hommes, direz-vous, et des femmes lui vouent leur vie entière; mais pourquoi? sinon pour être plus sûrs de ce salut qu'ils espèrent?

Si Dieu avait dit : Je suis le créateur de

toute chose, mais toute chose doit être éternellement anéantie ; rien ne renaîtra de ce qui aura été ; tout est à jamais mortel ; la vie éternelle est un leurre ; c'est moi qui préside à vos destinées ; adorez-moi donc durant votre vie, puisque c'est moi qui vous fais vivre, — dans cette hypothèse, croyez-vous que l'univers chantât des louanges à la gloire du Très-Haut et que les hommes subissent volontairement des privations qu'ils ne s'infligent qu'en vue de la réalisation de l'espérance qui les accompagne au cercueil ? Encore qu'ils adorassent, même alors, l'Éternel, ils ne le feraient qu'en comptant multiplier ainsi leurs années, et leurs prières n'auraient pour but que la prolongation de leur existence terrestre, comme elles n'ont vraiment que celui de leur vie éternelle.

Quand nous nous humilions et que nous frappons la poitrine, notre affliction ne provient que de la crainte que nos péchés ne nous attirent les châtiments du ciel, et si nous les redoutons autant, ce n'est point dans la douleur d'offenser Dieu, mais que pour conserver la foi d'une récompense à venir.

— Un mot encore. — Je n'ai jamais pu m'expliquer pourquoi nous prions Dieu dans une langue incomprise de la plupart des hommes ; il suffit donc que nous disions des mots, pour nous conventionnels, des phrases dont nous ignorons le sens, et que nous louangions Dieu comme feraient des aütomates, pour attirer sur nous les bénédictions du ciel que nous magnifions de confiance, sans savoir seulement ce que nous lui disons ! Si le sujet n'était aussi grave, il deviendrait risible ; car il est singulier qu'un prêtre s'entretienne avec Dieu, au milieu des fidèles et pour eux, dans une langue qu'ils ne parlent ni ne comprennent.

Je voudrais que la religion ne se vendît pas à la ligne, au poids, au mètre : messe, cierge, drap ;

Qu'elle ne fût pas une chose à marchander,

Que le riche et le pauvre eussent les mêmes oraisons, puisque tous les hommes sont égaux devant Dieu. Triste crédulité de penser que des prières vendues arriveront au ciel et rachèteront le pécheur ! Il faut ne croire pas à la justice de Dieu pour l'espérer un seul instant. Mais je ne songe pas que l'étalage des pompes funéraires n'est point fait pour celui qui n'est plus, mais pour la vanité des vivants, qui s'accroche même à la tombe des morts.

Je voudrais que la religion fût gratuite.

Vous voyez qu'il y a là, dans ce qu'il est de plus saint, de l'Égoïsme en deux genres : l'un, celui du salut éternel ; l'autre, hypocrite, matériel et rampant.

— Mais vraiment, dit la petite baronne, vous n'êtes pas raisonnable : une messe de *requiem* fait vivre plus d'un homme. J'en connais un qui fait dire chaque jour une messe d'un franc pour le repos de sa chère femme. Je ne sais quel crime elle peut avoir commis qui nécessite tant de messes, quoique, au fond, je sois bien persuadée que toutes ces oraisons ne font rien ; bref, il achète, chaque jour, pour vingt sous de prières à un *beau despécheur d'heures*, lequel beau despécheur fait dire cette messe pour quinze sous par un confrère ; lequel la fait dire pour dix sous par un autre confrère ; lequel la fait dire pour huit sous par je ne sais qui. Vous voyez que, de

ces vingt sous, quatre hommes peuvent tirer
profit, et que c'est mal à vous de le leur vouloir refuser. Soyez donc plus humain. — Et
puis, les pompes funèbres ! N'est-ce point ra-
vissant à voir qu'un enterrement bien payé?
Des bordures, des brodures, des franges, des
caparaçons, des plumes, — et le cocher
donc ! — Vraiment, vraiment, vous n'y
pensez pas. — A mon convoi, je veux
un piqueur, six chevaux, trois meneurs,
quatre laquais, — et que l'on me promène le
plus longtemps possible : j'aime beaucoup à
me promener en voiture. Vous m'accompa-
gnerez, monsieur le pédagogue; pas dedans
au moins! Diable emporte si je voudrais vous
avoir pour voisin, vous qui êtes le plus.....
Voyez donc comme je parle de ce qui ne me
regarde pas, et comme j'adopte vos pensées.

— Monsieur, me dit mon personnage, on ne
se butte pas sans danger contre une idée tellement ancrée au monde, que le souffle d'un
million d'hommes ne pourrait l'ébranler.

— Monsieur, lui répondis-je, Galilée faillit
à passer un mauvais quart d'heure pour

avoir soutenu le mouvement de la terre, et cependant la terre se meut.

— Ces principes sont injurieux; quel mal font ces prières, et pourquoi n'accepter pas qu'on les vende?

— Je ne comprends que la religion divine et non la religion humaine; celle qui vient de Dieu, et non celle qui ne vient que des hommes. Quand Jésus-Christ envoya ses disciples prêcher dans tout le monde, il leur dit:

*Allez et prêchez*, *disant : Le royaume des cieux est proche.* (Vie de J.-C., chap. XXXVII, v. 8.)

*Guérissez les infirmes, ressuscitez les morts, purifiez les lépreux, chassez les démons. Vous avez reçu gratuitement, donnez gratuitement.* (Vie de J.-C., chap. XXXVII, v. 9.)

*Ne possédez ni or, ni argent, ni monnaie dans vos ceintures.* (Vie de J.-C., chap. XXXVII, v. 10.)

Plus loin vous pouvez lire encore:

*Quand Jésus-Christ fut entré dans le temple,*

*il en chassa ceux qui vendaient et ache-*
*taient ; il renversa les tables des changeurs et*
*les siéges de ceux qui vendaient les colombes.*
(Vie de J.-C., chap. CIX, v. 1.)

*Et il leur dit : Il est écrit : Ma maison sera*
*appelée la maison de prière, et vous en avez*
*fait une caverne de voleurs.* (Vie de J.-C.,
chap. CIX, v. 2.)

Les paroles du Sauveur sont frappantes
aujourd'hui comme elles l'étaient alors, et
aussi vraies.

Réfléchissez, si bon vous semble, réfléchissez peu ou beaucoup à mes folies, vous le
croyez sans doute ; mais souvenez-vous que
je n'aime qu'un Dieu bon, rien que bon,
essentiellement bon, et que je repousse.....
Il m'est défendu d'achever.

J'échangeai quelques mots avec M. de...
et la baronne, qui, riant de tout son cœur,
tâchait de calmer la colère de son père, qui
se remit assez facilement. — C'était une
bonne nature qui n'avait que le défaut de
douter de son Égoïsme. — J'avais prolongé
ma conversation particulière afin de permet-

tre à mon jeune amoureux de profiter avantageusement de la sienne, ce qu'il avait fait, j'eus tout lieu de le croire, en apercevant la comtesse lui sourire et regarder sa fille, qui se montra toute rose comme une pêche en plein soleil. — Nous nous levâmes pour rentrer à Baden, et M. de... allait prendre mon bras, quand la baronne y sauta si légèrement, que je m'en aperçus à peine.

— Monsieur, me dit-elle..... Si je vous appelais tout court, mon pédagogue? — Voulez-vous?

— A votre aise.

— Eh bien! mon pédagogue, dites-moi ce que c'est que l'amour. — Est-ce la lune... de miel?

— Non, baronne, c'est l'étoile... filante.

# CHAPITRE V

Le soir même je retournai chez le docteur, qui devait m'avoir confectionné ce que vous savez bien. J'allais pénétrer dans son cabinet, quand j'entendis la voix de M. de… qui y tempêtait furieusement en envoyant à tous les diables un homme de ma connaissance la plus intime. La porte entre-bâillée me permit d'entendre et, presque malgré moi, d'écouter :

— Ah ! docteur, s'écriait-il, quel homme ! quelle nature ! Se peut-il que Dieu lui permette de vivre ! Il ne croit à rien, n'aime rien, et dit pourtant qu'il aime Dieu. Mensonge ! puisqu'il n'aime que soi ; et il veut assimiler sa nature à la nôtre, la nôtre à la sienne. Comprenez-vous, comprenez-vous, docteur ? En l'écoutant je frémissais et j'avais peine à vaincre ma colère ; nous ravaler à la bassesse de son âme, à la grossièreté de tous ses sentiments ! Rien n'est vrai, n'est bon, n'est bien, selon lui qui puise tout dans l'Égoïsme; nous sommes bons par Égoïsme, méchants par Égoïsme, indifférents par Égoïsme. Mais c'es horrible, et je ne sais comment il ose parler de la sorte. La comtesse dit en plaisantant qu'il est fou; elle a, je crois, plus de raison qu'elle ne pense, car c'est être insensé que de vouloir nous faire tourner ainsi sur un pivot qu'il voit et qui n'existe pas. — Docteur, docteur! j'aime mon enfant : Égoïsme; vous êtes mon ami, je vous aime : Égoïsme; j'aime Dieu : Égoïsme. — Le mot, le mot seul me fait horreur, et si je savais être égoïste, je me ferais à l'instant sauter le crâne. — Pourquoi ai-je vu cet homme, lui ai-je écrit, parlé? — C'est un fou, c'est un fou; mais pourquoi l'écouter ou le croire? pourquoi mon esprit ou mon cœur saigne-t-il de l'avoir entendu? — C'est un fou, cependant. — Docteur, convenez-en avec moi, rassurez-moi; dites-moi que c'est un fou, que j'ai raison de me moquer de lui, de rire de ses paroles, de ne m'inquiéter pas. — Mais si ! je m'inquiète, je pense à ce qu'il

m'a dit, je ne peux point n'y pas songer ; —
pourquoi ?—Docteur, docteur, qu'est-ce donc
qui m'agite, quel trouble me surprend ? —
L'Égoïsme, l'Égoïsme, il est là,—non, — regardez, là, là encore, partout ; — je le sens
dans mon cœur, dans le vôtre, dans celui de
mon enfant ; il est en nous, c'est nous, c'est
le monde.—L'Égoïsme, l'Égoïsme! —Grand
Dieu! docteur, qu'est-ce donc ? je deviens
fou !

— Non, pensai-je, tu ne deviens pas fou ;
tu étais fou, tu deviens raisonnable.

Le docteur se précipita pour appeler ses
gens et me vit au salon :

—Entrez, entrez, me dit-il ; M. de..... se
trouve mal.

M. de..... rouvrit bientôt les yeux et m'a-
perçut : son visage se contracta. — Je le
saluai profondément, plein de pitié de sa
faiblesse.

—Monsieur, me dit-il, je crois que je change
de nature et que je prends la vôtre.

—Vous n'en changez aucunement, et ne
conservez que la vôtre ; seulement il vous

vient un peu de raison, chose qui vous manquait.

— Quoi! vous persistez à prétendre que
tous nos sentiments sont égoïstes et qu'en
tout nous n'agissons que pour nous , pour
nous seuls?

— Inévitablement.

— Mais ignorez-vous donc que l'Égoïsme
est la passion la plus vile et qu'elle n'est
qu'une plaie hideuse dans le cœur?

— Permettez - moi de dire que ce ne
sont là que des mots qui ne signifient rien ;
vous suivez le sentiment de la foule sans
l'expliquer jamais, et il vous suffit que l'on
dise : l'Égoïsme est une plaie dans le cœur,
pour que vous répétiez de confiance ces
mots ; on dit, et vous dites ; on ne pense pas,
et vous ne pensez pas ; ainsi va le monde,
parce que les ressorts en sont si admirablement
travaillés, qu'il irait même malgré les hommes. — Il m'étonne qu'il ne vous soit jamais
venu la pensée de découvrir le sentiment qui
produit en nous tous les autres ; vous eussiez
reconnu bientôt que l'Égoïsme est l'unique
passion qui nous sollicite à chercher le bon-

heur, auquel vous croyez ne pouvoir atteindre
que par des sentiments tout autres, et c'est là
votre erreur. Dieu connaît sa créature et sait
qu'elle n'aime rien tant que soi; il ne lui mit
au cœur que cette passion, prévoyant qu'elle
ferait tout son bien, ce qui est vrai ; car tous
ses autres sentiments ne dérivent que de cette
passion. La base du monde, c'est Dieu, son
amour, sa crainte; niez Dieu, que devient le
monde? — un chaos. Toutes les lois humai-
nes sont divines, je veux dire qu'elles proté-
gent l'homme selon la parole de Dieu, et que
nos codes ne sont que les interprètes de sa volonté : le bien de l'homme. Le bien qui provient de l'homme provient donc, sans qu'il
s'en rende compte, de la volonté de Dieu seul.
*Aime ton prochain comme toi-même.* Jamais
avez-vous songé à ces mots et tâché d'en
comprendre le sens ? — *Aime ton prochain
comme toi-même :* c'est le code de l'univers,
mots divins tout remplis d'Égoïsme. Tu t'aimes avant tout et par-dessus tout, tu t'aimes
infiniment ; et pour te dire d'aimer ton prochain, je n'ai pas de mots plus frappants :
*Aime ton prochain comme toi-même,* c'est-à-

dire : aime-le infiniment. Aime-le comme je l'aime ne serait point assez, tu ne me comprendrais pas ; pour te donner toute la mesure dont je veux que tu l'aimes, je te dis : *Aime ton prochain comme toi-même*, aime-le infiniment, car tu t'aimes infiniment. — Mais, monsieur, la vie est si courte et nous aimons si bien à nous aimer, que *nous n'avons* guère le temps d'aimer notre prochain et que nous n'aimons que nous-mêmes. — C'est généralement ainsi que se conduisent les hommes. — Laissons donc pour un instant Dieu, qui se passerait mieux de nous que nous ne nous passerions de lui, et ne considérons l'Égoïsme que d'homme à homme..

—C'est donc en vain que je tâcherai d'arracher de vous ce sentiment qui me répugne et que je ne puis, malgré tout, accepter comme inné au fond de notre cœur?

—C'est en vain, vous l'avez dit, monsieur, et c'est avec ennui que je vois que vous ne vous effrayez que d'un mot, et que votre raison n'est pas assez puissante pour étouffer cette répugnance puérile qu'il vous faudra surmonter tôt ou tard. Pourquoi repousser si gratuitement la lumière pour vous ensevelir dans l'ombre où s'endorment la plupart des hommes ? Connaître ou ne connaître pas la cause de nos sentiments, peu importe au bien-être matériel, et le monde ne sera ni plus ni moins égoïste de l'ignorance ou de la connaissance de ce principe ; mais pour vous qui n'avez qu'à penser, qu'à réfléchir, qu'à prendre la peine de vivre, ce peut être un plaisir que de sonder notre nature et de découvrir la cause et le but de vos actions et de celles de vos semblables ; c'est une étude qui en vaut bien une autre, et je pourrais crier à l'univers que tous les hommes sont égoïstes, que tous les hommes ne le seraient pas moins, puisqu'il est impossible qu'ils ne le soient pas, et qu'on ne peut éviter l'inévitable. — Chassez de votre esprit le hideux de l'Égoïsme, et ne vous mêlez pas à la tourbe de vos pareils qui ne disent et ne font que ce qu'ils entendent dire ou voient faire. L'Égoïsme, étant le cœur de l'homme, est par cela même bon ou mauvais, et vous le comprendrez en réfléchissant bien qu'il est la cause de ce qu'il y a de plus

saint et de plus infâme, de plus grand et de
plus vil, de tout. Faites la part de chaque
chose et dites : le Crime, le Vol, l'Impiété,
c'est un mal ; mais ne dites pas : l'Égoïsme
est un mal, car je pourrais vous répondre :
la Bonté, le Dévouement, l'Amour de Dieu,
c'est un mal, puisque c'est aussi de l'Égoïsme.
— Si je pouvais vous ennuyer longtemps, je
vous ferais saisir ma pensée, et comprendre
que cette étude m'a amené à diminuer de
beaucoup le cas que l'on fait de tout ce qui est
bien ou bon, par la raison que les actions de
l'homme étant personnelles, leur valeur dis-
paraît d'autant plus facilement qu'on s'aperçoit plus tôt qu'ils n'agissent jamais que pour
eux, et que tout ce qu'ils font n'a qu'un but
personnel. Vous savez que certaines actions
sont réputées de dévouement, et ce sont les
plus généralement admirées ; moi, j'en fais
moins de prix que le commun des hommes,
car j'en connais la cause, et vous penserez
comme moi. En suivant cette étude en détail,
peut-être arriverais-je à écorner sensiblement
l'estime que vous avez des hommes, et à vous
rendre convaincu comme moi : mais ce serait

un diacode intempestif pour vous qui ne cherchez que le plaisir.

— Parlez, parlez, s'écria M. de… ; que, si
votre raison est plus puissante que la mienne,
elle m'éclaire, et si elle est vaine et stérile,
dangereuse peut-être, nous puissions, à notre
tour, vous étonner de votre erreur, et vous
ramener au bon chemin, sans haine, sans
amertume, et comme de vos amis.

—. Hélas ! monsieur, s'il faut, pour que je
vous sois agréable, que vous surpreniez mon
erreur, je regrette d'être assuré par avance
de ne pouvoir vous satisfaire, et de vous contraindre bientôt à avouer que je suis infailli-
ble, — *plus encore* que le pape.

— Prenons donc un sujet et discutons-le
bien à fond. — J'ai un ami ; je vous dis sans
vanité aucune, comme à un homme capable
de me comprendre et d'en faire autant, que,
pour le voir parfaitement heureux, j'ai perdu
la moitié de mon bien ; il l'ignore, et c'est là mon
bonheur. Vous concevez que je n'ai voulu de
sa part aucune reconnaissance, aucune dette
morale, et que mon action a été pure de tout

intérêt. — Répondez, est-ce là de l'Égoïsme?

— Oui.

— Mais expliquez-vous donc; car ma tête se perd, et je ne puis vous comprendre, ou vous ne m'avez pas compris.

— Vous m'avez dit, n'est-ce pas? que vous avez sacrifié pour cet ami la moitié de votre fortune; que vous avez pris soin qu'il l'ignorât toujours, et que votre bonheur est cette ignorance même.

— Et c'est de l'Égoïsme?

— Sans doute. Réfléchissez d'abord et répondez à ma demande : Croyez-vous que s'il eût pu vous prévenir, cet homme eût refusé la part de votre bien?

— Je le crois.

— N'est-ce point la cause de votre silence?

— Peut-être.

— Vous voyez donc que c'est de l'Égoïsme, puisque vous n'avez agi que pour vous.

— Ah! votre raison est subtile, si subtile, que je ne la puis entendre. Parlez et rendez-vous compréhensible; votre esprit est plein d'ombre pour ceux qui vous écoutent; éclairez-le, faites-en jaillir la lumière, ou con-

fesséz que vous avez préjugé de vos forces, et
que vous êtes abattu.

— Mes forces ne sauraient me trahir ; et
s'il faut m'expliquer avec beaucoup de phrases, quand deux mots suffiraient, écoutez :

Je ne tiens pas compte du refus possible
que cet homme eût fait de vos soins ; c'est un
surcroît de preuve que je néglige. — Mais
quoi vous a poussé à cet abandon volontaire
de votre bien en sa faveur ; pourquoi l'avez-
vous sauvé de l'abîme sans qu'il vous deman-
dât de le faire ; pourquoi vous êtes - vous
attaché à le préserver du malheur ? Pourquoi,
sinon parce que ce malheur vous atteignait
vous-même et que vous souffriez de sa souffrance ? Il est votre ami, n'est-ce pas ? ami
sincère et véritable sans doute , — homme
rare et précieux alors ! — sa douleur était
vôtre, et son infortune eût causé celle de son
ami ; votre cœur saignait à voir saigner le
sien, et le baume que vos mains ont versé
pour lui, elles ne l'ont répandu vraiment que
pour vous ; vous avez cru sincèrement n'agir
que pour son bien, et vous n'avez cependant
agi que pour le vôtre ; car, admettez un instant

que son mal n'eût pas eu chez vous un écho,
est-il douteux que vous n'eussiez rien fait
pour lui , et qu'il serait, à cette heure, aussi
infortuné que les malheureux qui ne vous
touchent point ? Vous n'avez donc soulagé sa
peine que pour soulager la vôtre, qui peut-être,
— mais peut-être ! — eût duré autant que la
sienne, et tout en croyant ne penser qu'à lui,
vous n'avez pensé qu'à vous. — N'est-ce point
de l'Égoïsme ?

M. de... et le docteur se regardèrent durant
quelques secondes avec un certain étonnement ; je doutais de les avoir bien convaincus,
mais le docteur :

— Je crois, dit-il , que monsieur a raison,
et qu'il faut, bon gré, mal gré, l'avouer ; car
il me semble indubitable que vous n'eussiez
point sauvé votre ami si vous n'eussiez pas
souffert comme lui et peut-être plus que lui.

— Cela est vrai, répondit M. de..., en tour-
nant vers moi ses yeux tout à coup pleins de
larmes ; il me regarda longtemps sans mot
dire, et parut en proie à une douleur que je
ne pus concevoir et dont j'eus peine à me
rendre bien compte. Il laissa tomber sa tête

dans ses mains, et parut un instant réfléchir.
Lorsqu'il la releva, ses yeux étaient aussi
secs que les miens, et un méchant sourire lui
couvrait le visage.

— Pauvre ami, reprit-il en riant, moi qui
croyais naïvement m'être sacrifié pour toi.
Quelle erreur ! quelle ignorance ! quelle folie!
— ne puis-je dire quelle vanité ridicule et
piteuse ! Je m'imaginais bonnement avoir fait
là un grand effort — délicieux effort ! — et
bien mériter de moi-même.—La sottise !—Je
me disais : Quelle joie ineffable de conjurer son
infortune et de tarir complétement sa douleur!
—Quelle pitié!—Savez-vous bien, messieurs,
que je vais me moquer de moi de tout mon cœur
et m'en vouloir jusqu'à la mort de m'être
caché à moi-même mon Égoïsme sous le voile
du dévouement le plus pur, et que je vais me
faire honte d'une pareille hypocrisie ! —Merci
à vous, monsieur ! vous êtes un bon maître.—
Ah ! ah ! — mon ami ? — tu n'es pas mon ami,
c'est moi qui suis le mien ; tu crois simplement, n'est-ce pas ? que pour toi je ferais le
moindre sacrifice , que je me plaindrais la
moindre jouissance , que je jetterais un écu?

13.

— Allons donc! tu es fou comme je l'étais tout à l'heure; je t'aime? — non pas, c'est moi que j'aime; — je te sauve du malheur? — non pas, c'est moi que je sauve; — je veux ton bien? — non pas, je ne veux que le mien. — Ah! pardieu, vous avez bien raison, — venez donc que je vous embrasse, mon maître. Au diable l'aveuglement des hommes! Nous sommes des égoïstes? — C'est au mieux. — Vous, lui, moi, ma fille, Dieu, tout le monde, — fort bien; je le veux comme vous. — Ah! la bonne nature, et que le raisonnement est une belle chose! — Égoïsme, Égoïsme, Égoïsme! — Ah! maudit soyez-vous, vous êtes un homme épouvantable!

— C'est grand dommage, monsieur, lui dis-je, que vous ne soyez point acteur : vous joueriez à ravir; vous avez une intonation favorable; avec un geste un peu moins naturel et plus approprié au drame, vous rempliriez un fort beau rôle. — Vous ignorez sans doute que je suis le plus froid et le meilleur des hommes, et que mon intelligence, malheureusement peu développée, n'a jamais pu comprendre la colère, si ce n'est sur les planches d'un théâtre où la foule applaudit tout ce qui est contre nature; je m'étonne qu'à votre âge vous essayiez encore les gammes de cette passion qu'il faut laisser aux jeunes gens qui ne pensent à rien ou qui ne veulent que prouver qu'ils sont remplis de ridicule. — M. de Willencourt, — ( un sujet que je traite avec des soins paternels et que j'instruis de tout mon savoir), — m'a donné ce matin le même point à discuter ; il m'a entendu, écouté même, et compris facilement; il est vrai qu'il est fort jeune et qu'il ne peut ressentir les atteintes qui vous frappent, monsieur, d'une si étrange manière, vous qui croyez depuis si longtemps au contraire de ce qui est. — Ah! si je vous avais rencontré plus tôt! comme je vous aurais éduqué! vous seriez aujourd'hui l'homme le plus homme qui soit au monde, sans préjugé, sans erreur peut-être, et certainement sans un seul doute sur l'Égoïsme universel.

L'orage fut suivi d'un calme inespéré; M. de... rentra tout à fait en lui-même. Le docteur me ressemblait; il ne s'émouvait de rien, et je lui en sus gré, car je n'aime rien tant qu'une discussion à la glace et privée de toute espèce de coup de scène pitoyable.

— Avant de vous quitter, repris-je, je veux vous expliquer l'Égoïsme de l'amitié ; cela ne laissera pas que de vous être utile, et je trouverai un certain charme à étendre vos connaissances morales ; je répéterai donc, si vous le permettez, ce que je disais ce matin à mon élève :

Un ami, j'entends un ami vrai, est l'homme à qui nous confions presque nos moindres pensées. Mais pourquoi cet homme est-il notre ami ? — Parce que ses idées, ses goûts, ses penchants, se rapportant aux nôtres, font qu'il nous devine ou qu'il nous comprend par avance, et que sa nature, correspondant à la nôtre, en fait pour ainsi dire un autre nous-même ; car il n'est pas que vous ignoriez que nous n'aimons rien tant que nous-mêmes. Ce n'est donc pas lui que nous aimons en lui, mais nous, en trouvant chez un autre une coïncidence à la nature de notre être particulier ; si cet homme ne pensait pas, ne sentait pas, n'agissait pas, en quelque sorte, comme nous, il ne serait point notre ami, car

alors tous les hommes pourraient le remplacer. En lui confiant nos pensées, nous savons
qu'il les comprendra comme nous, qu'il abon-
dera dans notre sens, qu'il verra avec nos
yeux, qu'il sentira avec notre âme, qu'il sera
notre miroir moral, si cette expression m'est
permise. Si nous lui abandonnons nos secrets,
deux causes nous y poussent : ou nous espé-
rons que notre confiance en lui nous donnera
la sienne (ce qui le plus souvent fait naître
l'amitié); ou nous éprouvons le besoin de soulager notre cœur de tout ce qu'il renferme en
l'épanchant dans un cœur presque semblable,
en nous entretenant avec lui de nos douleurs
et de nos joies. Car l'homme est si vain, qu'il
ne souffrirait ni ne serait vraiment heureux
s'il était seul à connaître ses joies et ses douleurs ; il lui faut un être qui le plaigne *sincèrement* ou qui partage ses plaisirs ; autrement, tout pour lui diminue de valeur, je dis
presque que tout perd sa valeur ; un homme
qu'on ne plaindrait pas souffrirait moins ; avec
qui l'on ne s'éjouirait pas serait bien moins
heureux, en voyant ses douleurs ou ses joies
non ressenties comme il les sent lui-même.

L'homme seul est faible ; il lui faut un conseiller, un soutien, surtout un confident ; il lui est impossible de conserver pour soi ce qu'il sait ; la confidence est presque une nécessité pour l'homme ; Dieu lui-même n'est-il pas l'universel ami au sein de qui nous confions les secrets que nous n'osons dévoiler à l'amitié *la plus sûre ?*

Ce n'est que pour nous que nous recherchons un ami (et c'est élémentaire) ; car même en le croyant tel, nous sommes incertains de son amitié qui peut faillir. C'est donc un invincible besoin que nous ressentons de nous communiquer à un autre nous-même ; et tellement, qu'à cet homme, que nous croyons connaître en nous abandonnant à lui, souvent nous livrons des secrets dont il peut abuser contre nous, et que notre impuissance à les conserver nous lui fait découvrir sans y être matériellement obligés.

Prenons maintenant les amitiés banales :

Un homme que vous croyez et qui se dit votre ami vous prie à sa table ; par vanité, vous ne doutez point que son amitié ne soit réelle et désintéressée ; cependant, vous n'êtes

reçu au foyer de cet homme que parce que
vous avez des talents qui charment ses con--
vives ou lui-même, ou qu'il prend plaisir à
deviser avec vous, ou que vous lui êtes d'un
intérêt que vous ne soupçonnez pas, ou qu'il
oblige ainsi *un ami*, ou qu'il tient à honneur
de vous avoir, ou qu'il vous paie d'avance
d'un service qu'il vous demandera plus tard ;
jamais enfin pour vous-même qui vous empressez de croire le contraire, tant votre esprit saisit avidement ce qui flatte votre
vanité.—Croyez que vous n'êtes jamais agréé
par amitié pour vous, mais pour ce que vous
pouvez produire, et vous serez toujours dans
le vrai ; car il est à naître qu'un homme qui
n'aime pas un autre homme le convie, en
s'imposant l'ennui de le souffrir près de soi :
ce serait contre nature et ridicule ; et si vous
êtes chez lui, bien qu'il éprouve une amitié
factice, de la répulsion ou de l'indifférence à
vous voir, soyez bien persuadé qu'il ne sup-
porte ce sacrifice que dans l'intention d'o-
bliger *un ami*, et si vous avez des talents ou
un nom, que dans le but de faire montre de
vous.

En somme, s'il n'agit que par Égoïsme, en vous rendant chez lui vous n'agissez pas autrement, et vous ne devez point vous en vouloir l'un à l'autre de ne suivre que le même sentiment que vous faites toujours en sorte de ne laisser pas transparaître.

Vous comprenez maintenant comme moi l'Égoïsme de l'amitié. — En voulez-vous un exemple? — Moi, qui suis le meilleur des hommes. — Pourquoi suis-je auprès de vous? — Vous ne supposez pas, j'estime, que ce soit par amitié, car je ne vous connais guère, et pourtant je vous appellerai toujours *mes amis*, — avec votre bon plaisir; pourquoi? sinon parce que j'éprouve une satisfaction à vous inculquer ma science, espérant que vous m'écouterez et penserez bientôt comme moi ; si je n'avais à votre société ni intérêt ni plaisir, il y a longtemps, ma foi, que j'aurais disparu, car je n'ai pas besoin de vous ; mais si je vous savais me devoir être utiles, malgré l'ennui que je pourrais subir de vous, je me garderais de partir, préférant mon intérêt à mon plaisir, et supportant un mal pour m'attirer un bien. — Et vraiment chacun fait ainsi.

A ce propos d'amitié, je me rappelle une anecdote que je veux vous conter :

Fontenelle avait un ami qu'il aimait ou qu'il disait aimer beaucoup. Un soir, ils furent tous deux souper au café, et demandèrent, entre autres choses, des asperges ; Fontenelle voulut les siennes à l'huile ; son ami commanda les siennes à la sauce blanche. Après le premier plat, l'ami s'affaisse sur lui-même; Fontenelle se précipite, le soulève : il était mort frappé d'apoplexie : Garçon, crie l'octogénaire en aidant à emporter le cadavre,— toutes à l'huile !

Le front de M. de ... se dérida, et il se prit à rire aussi longtemps que le docteur ; — il avait pleuré de son Égoïsme, et riait de celui d'un autre. — Nous étions *les meilleurs amis* du monde.

La soirée s'avançait ; nous levâmes la séance, et chacun rentra chez soi; mais moi sans avoir oublié d'emporter de chez Esculape une certaine toile dont vous connaissez la peinture.

# CHAPITRE VI

Le lendemain, je me levai de bonne heure
et partis à la recherche d'un homme. A cent
pas de l'hôtel, j'avisai sur le bord du chemin
un gueux de la plus belle espèce, si maigre
et si maladif, qu'il me parut on ne peut plus
convenable ; je le poussai du pied pour le
tirer de son sommeil, et le priai poliment de
me suivre. Il ouvrit des yeux hébétés et me
regarda sans bouger, comme incertain de
son réveil ; il était fort dégoûtant à voir, ce
qui m'engagea de lui réitérer mon invitation ; il obéit à grand'peine, sans paraître
comprendre ce que ma personne pouvait
avoir de commun avec la sienne, et me sui-
vit, indifférent à toute chose, idiot de la misère où du vice.

Quand nous fûmes assez loin pour ne pouvoir être aperçus, le dialogue commença :

— Tu es pauvre et malheureux ?

— Pauvre, oui ; — malheureux, non.

— Que fais-tu ?

— Rien.

— Que veux-tu faire ?

— Rien.

— Comment vis-tu ?

— Je mendie.

— Et tu veux toujours mendier ?

— Qu'importe ! on mendie en petit comme en grand ; tous les hommes sont des mendiants.

— Cela est vrai ; mais crois-tu vivre ainsi toujours ?

— Je le crois.

— Quelle est la cause de ta misère ?

— L'homme.

— Je le sais ; mais comment ?

— Un soir, la paresse m'a pris, j'ai tendu la main ; l'on m'a donné ; — l'homme est un imbécile, — j'avais un écu dans ma poche. — Pourquoi m'a-t-il donné ? — J'ai cru qu'il donnerait toujours. — J'ai continué de men-

dier ; peu à peu je me suis dégoûté du travail,
je me suis fait mendiant d'habitude ; c'est un
métier ; l'on vous arrête, on a du pain ; on vous
relâche, on remendie. — Je vivrai de la sorte
et mourrai comme un chien. — Qu'importe ?

— A quoi es-tu bon ?

— A rien.

— Crois-tu en Dieu ?

— Oui.

— Qui te fait croire en lui ?

— Ma vie.

— L'aimes-tu ?

— Oui.

— Non, tu ne l'aimes pas ! — puisque tu
ne fais rien pour lui qui fait tout pour toi.

— Vous avez raison.

— Le pries-tu ?

— Non.

— Misérable !

— C'est vrai.

— Comprends-tu sa bonté ?

— Je suis inutile au monde, et je vis ; donc
il est bon.

— J'ai besoin de toi.

— C'est bien.

— Veux-tu me rendre un service?

— Oui.

— Relève ta manche jusqu'à l'épaule.

— Pourquoi faire?

— Que t'importe?

— C'est vrai.

— Roule autour de ton bras cette toile, afin que les passants croient que la plaie en est naturelle.

— Comme cela?

— Bien. — A dix heures, va te mettre au milieu de la route, et mendie en montrant ton ulcère.

— Encore mendier?

— C'est un métier, ne me l'as-tu pas dit?

— Je pense à Dieu.

— Prie-le.

— Je le prierai.

— Va-t'en. — Tiens, mets cela dans ta poche.

— Combien y a-t-il?

— Cinq cents francs.

— Que voulez-vous que j'en fasse?

— Ce n'est pas mon affaire.

— A mon tour, je ferai l'aumône.

— Souviens-toi que c’est ce qui t’a perdu.

— Vous avez raison encore ; je ne la ferai pas. — Jusqu’à quelle heure sur la route ?

— Jusqu’à ce que j’y passe et que je te renvoie.

— C’est bien.

En attendant le lever de la comtesse, j’allai frapper à la porte de mon élève, qui m’ouvrit en me tendant les bras.

— Modérez, lui dis-je, modérez, s’il vous plaît, cette amitié subite ; je n’en ignore pas la source, et ces beaux sentiments n’ont aucune prise sur moi ; si je vous avais été ou que je vous fusse moins utile, il en serait autrement de votre expansion qui n’aurait point de cause, comme elle n’a vraiment que celle de ce que j’ai pu faire pour vous.

— Vous ne croyez donc pas à un sentiment vrai ?

— Détrompez-vous, je crois à tous ; mais sachant que les sentiments vrais, comme vous les appelez, ne proviennent que de ce qui touche les hommes qui les éprouvent, j’en fais état par bienséance et comme le veut l’entregent ; mais avec vous je parle franchement, puisque vous êtes mon élève, et je n'en prends que le côté plaisant pour vous le mieux faire comprendre. J'ai rapporté à M. de... notre entretien sur l'amitié ; il est complétement édifié, sans doute, sur son désintéressement factice dont il sait maintenant la valeur.

Vos affaires sont en bon chemin ; je le suppose, en vous trouvant le cœur si réjoui ; croyez que j'en suis aise comme vous, et seulement pour la part que j'y ai prise : car n'y eussé-je été pour rien, que je goûterais moins, à coup sûr, le plaisir que j'en ai, bien que le vôtre fût le même. Vous voyez que je ne farde point la nature de mes sentiments, et que je mets au jour l'Égoïsme qui me dirige ; le service que j'ai pu vous rendre, n'allez pas croire que je vous l'ai rendu simplement pour vous être agréable : mon but, j'en conviens, n'a été avant tout que de m'être agréable à moi-même, en ressentant une joie à faire naître la vôtre. Analysez toutes les preuves d'amitié que l'homme fournit à l'homme, et si vous n'y découvrez pas la même cause, que je meure.

Votre amante, avec qui vous avez si longtemps conversé, vous a-t-elle juré de son
amour ainsi que vous lui avez fait du vôtre?
Êtes-vous tous deux assurés maintenant de la
passion ou de l'amour réciproque dont votre
cœur est plein? Vous vous aimez vraiment,
sans doute, je le veux comme vous. Supposez
cependant (sans que vous le *puissiez* concevoir, vous y avez trop d'intérêt), qu'elle ne
vous aime pas et que son amour ne soit qu'un
jeu ; avouez, qu'ignorant le fond de sa pensée vous ne l'aimerez pas moins, et que,
peut-être, la connaissant même, vous l'aimeriez autant. — Vous entendez qu'ainsi votre
amour est tout personnel et que vous n'aimez
que pour vous cette femme qui ne vous aime
point, et que vous n'avez pas consultée pour
savoir, avant de l'aimer, si elle agrée ou non
votre amour, car vous l'aimiez avant de le
lui dire et caressiez depuis longtemps cet
amour. Il en est de même chez elle, qui ne
vous aime pas plus pour vous que vous ne
l'aimez pour elle. — Assurez-vous que je ne
veux point dessécher votre cœur, mais vous
faire connaître la nature des sentiments qui

l'émeuvent, et si je reviens sur ce que je vous ai dit déjà, c'est que l'occasion s'en présente. *Bis repetita placent.... fortè!*

Or sus, mon cher élève, nous avons, si je ne me trompe, transmué en Égoïsme l'Amour, l'Amour maternel, la Religion et l'Amitié, sentiments que nous avons pris pour bases de la société. Mais, je regrette de vous le dire, votre ennui ne touche point encore à son terme; car, que de sentiments autres que ceux-là ne nous restent pas à refondre, et comme nous allons travailler à cette endormante analyse!

Hélas! je remarque avec tristesse qu'il y a bien longtemps que je ne me suis permis le moindre versicule, et je sens qu'il me faut me donner ce plaisir. — Devinez cette énigme :

> J'ai, sous un même nom, trois attributs divers;
> Je suis un instrument, un poëte, une rue:
> Rue étroite, je suis des pédants parcourue;
> Instrument, par mes sons je charme l'univers;
> Rimeur, je t'endors par mes vers.

Comme moi par mes entretiens. — Cherchez le mot.

— Je donne ma langue....

— Je vous aide :

> C'est ce petit rimeur de tant de prix enflé,
> Qui, sifflé pour ses vers, pour sa prose sifflé,
> Tout meurtri des faux pas de sa muse tragique,
> Tomba de chute en chute au trône académique.

— La Harpe !

— C'est lui. — Revenons donc, comme Bartholin, à nos moutons.

J'allais recommencer mon insipide verbiage, lorsqu'on m'apporta ce billet de la petite baronne :

« Mon pédagogue, nous partons à l'instant
» pour le couvent de Frémersberg ; ma calè-
» che vous attend ; notre belle comtesse de-
» mande à voir votre amoureux, et lui garde
» une place auprès d'elle. Venez, car je vous
» tiens de mes amis, et souvenez-vous de la
» devise de Ninon : *Ne mudo se no mudan.* »

A peine les chevaux eurent fait deux cents pas, que j'aperçus le mendiant.

— Le pauvre homme, m'écriai-je, et quel affreux état que le sien ! — Je regardais sa plaie qui produisait le plus bel effet du monde.

— Ah ! l'horrible blessure ! dit la baronne en détournant la vue. — Elle ôta prestement son chapeau, qu'elle tendit à chacun ; quatre louis y tombèrent.

— Vous, me demanda-t-elle avec sa jolie moue, n'y mettez-vous rien, ô le meilleur des hommes ! et ne voyez-vous pas combien souffre ce malheureux ?

— Permettez, baronne, ce n'est pas parce qu'il souffre que vous lui faites l'aumône, mais parce que vous souffrez vous-même de la douleur que vous supposez qu'il éprouve ; et le bien que vous croyez ne faire qu'à lui, c'est à vous seule que vous le faites : car admettez que la vue de sa souffrance ne vous eût point touchée, est-il douteux que vous n'eussiez point eu pour lui de pitié ? En croyant donc ne calmer que sa douleur, c'est la vôtre que vous calmez, sans vous en rendre compte ; car, qui vous prouve sa douleur et que sa blessure ne soit point artificielle ?

Vous souffririez bien plus que lui peut-être
de votre peu de compassion, et l'aumône que
vous lui faites apaise votre souffrance, qui
prend sa source dans celle que vous supposez
à cet homme. Je crois à votre peine et que
vous n'agissez que par bonté. — L'aumône,
surtout celle des rues et des chemins, est
donc, bien que venant du cœur, égoïste, et
non-seulement l'aumône *sincère*, mais encore
celle qui ne l'est pas. Combien de gens, dont
le cœur ne saigne point comme le vôtre, qui
aumônent par vanité ! Combien, et c'est le
plus grand nombre, dans la pensée du ciel,
croyant racheter une faute par ce qu'ils don-
nent, et qu'ils ne donneraient point si l'Égoïsme
ne leur conseillait pas de troquer une indul-
gence contre un peu d'argent ! — Jetez donc
vos louis à cet homme.

— Que Dieu vous le rende ! dit le mendiant
en empochant son or.

— Ne vous a-t-il pas dit : Dieu vous le
rende ?

— Sans doute qu'il n'ignore point qu'on
ne fait rien pour rien, et qu'il désire que
Dieu vous rende ce qu'il ne peut rendre

lui-même. — J'en sais un qui, chaque fois que je passe, me chante : Je prierai Dieu pour vous ! — Vous comprenez ainsi, qu'il priera Dieu pour moi si je lui donne, — et encore ! — mais qu'il n'en fera rien si sa main reste vide. Rien pour rien, c'est la loi commune.

— Vraiment, baronne, je n'approuve point votre aumône ; car plus d'aumônes, plus de mendiants. Entendez que je ne parle que de celle des rues ; car l'autre, bien répartie, est la meilleure action de l'homme, en ceci : que l'intention d'une bonne œuvre y soit ou non, toujours le résultat en est bon.

— Avouez que nous ne ressentons profondément la souffrance d'autrui que quand nous en sommes témoins ou que notre pensée nous en fait la peinture. Vous voyez une femme écrasée dans la rue, votre cœur se déchire... pour un instant, si cette femme vous est inconnue ; mais enfin, cet instant est horrible pour vous : votre douleur ne provient que du spectacle que vous avez sous les yeux et non du malheur même ; car si je vous dis, ce qui est vrai, que, le jour de mon départ, une femme s'est fait casser la tête par le timon de la voiture, vous recevrez cette nouvelle avec indifférence ou presque sans souffrir. — Assurément votre douleur prend sa source dans l'étalage du mal, et plus l'étalage est affreux, plus vous souffrez, sans comprendre pourquoi ; et tellement, que la vue d'un corps en lambeaux vous causera une sensation bien autrement profonde que celle d'un corps frappé d'apoplexie ou de toute autre mort qui n'entraîne pas un tableau pantelant ; bien plus, un cadavre intact n'aura que peu d'effet sur vous ou qu'un effet de répulsion, au lieu qu'un corps vivant, mais déchiré, vous fera saigner le cœur ; et pourtant celui-ci est humainement moins à plaindre que celui-là, sinon pour lui, du moins pour tous les siens.

Ne convenez-vous point que c'est le tableau seul que vous voyez, ou que vous vous mettez à l'imagination, qui est la cause de votre souffrance ? Raisonnez avec moi : Si je vous demandais de tuer de sang-froid, et tout simplement pour le tuer, un mouton ou tout autre animal dont la douleur s'exhalerait à vos yeux en horribles contorsions ; dont vous verriez le sang répandu ; dont vous enten-

driez les cris; certainement, vous vous refu-
seriez à le faire. Cependant, vous tuez une
puce, une mouche, une araignée, sans
éprouver le moindre tressaillement, — si ce
n'est pour l'araignée, peut-être — (le dégoût,
mais rien autre); et vous n'éprouvez rien que
parce que la douleur de ces insectes ne se
traduit pas à vos yeux et ne vous offre aucun
spectacle lamentable, bien qu'ils souffrent
autant qu'un mouton qu'on égorgerait devant
vous. — Vous me comprenez, maintenant.
— Votre souffrance est donc intrinsèquement
personnelle, je veux dire qu'elle ne provient
que de vous et non de celle d'autrui, bien que
celle-ci en soit la cause.

Je ne sais si vous avez remarqué que toute
mort qui entraîne l'étalage du sang fait sur
nous une grande impression. C'est, je crois,
parce que nous-mêmes avons du sang, et
qu'il nous fait penser au nôtre; tandis que
nous ne ressentons rien à voir mourir un
crustacé ou un mollusque. — Et vous-même,
baronne, n'avez-vous jamais pris plaisir à
faire sauter au bout d'une ligne certain petit

poisson qui vous trouvait fort impassible à son martyre ?

Holà ! criai-je au mendiant. — Il aborda la calèche, que je fis arrêter. Je me penchai vers lui et, passant un doigt sous sa manche, j'arrachai d'un coup son ulcère.

Ces dames jetèrent un cri !... Vous savez la force d'un cri de femme.

— Va, maintenant, lui dis-je, et songe que Dieu ne t'a jeté sur nos pas que pour te payer d'avance du travail qu'il réclame de toi ; mets ton intelligence et ton bras au service de la ruche humaine où tout être doit fournir son tribut de labeur ; reprends ta place au milieu de tes semblables, les mendiants sont les derniers venus des villes maudites ; mais l'homme frappé de Dieu, forcément inutile, a droit à la pitié des hommes ; périsse tout empire qui ne le prend pas sous sa garde !

# CHAPITRE VII

J'avais parlé assez haut pour avoir été
entendu de la comtesse qui nous suivait.

— Mon pédagogue, me cria-t-elle, je vous
tiens ; cette fois vous n'échapperez pas ;
mettez avec nous pied à terre, et venez m'expliquer, s'il est possible, qu'un État est égoïste
en soulageant les malheureux ; il me semble
qu'il l'est, au contraire, en ne le faisant pas,
et que les bienfaits qu'il répand viennent
s'inscrire en faux contre cet Égoïsme dont
vous ne manquerez pas de le remplir.

— Comtesse, comtesse, que je suis à plaindre de vous avoir toujours pour adversaire,
et de me voir contraint à vous refuser la victoire ! ma position n'est plus tenable, et je ne
puis sans honte engager plus longtemps un
combat dont l'issue n'est jamais douteuse,

puisque je vous assure que je suis invincible, et que je n'ai pas même, comme Achille, un talon vulnérable. — Cependant, pour me soumettre à vos désirs, qui pour moi sont des ordres, et malgré la douleur que j'en ai, je vais vous obéir.

Croyez-vous que si les malheureux qui fourmillent en France voulaient aller à l'étranger chercher un remède à leurs maux, croyez-vous, dis-je, que l'État voulût les retenir pour leur prodiguer ce remède ? Non, — vous en convenez ; il s'empresserait, au contraire, à leur donner des passe-ports, et les engagerait à quitter au plus tôt leur patrie impuissante ou avare ; le bien qu'il répand çà et là n'a pour but que de remplir ces bouches vides qui pousseraient d'effrayantes clameurs par leur nombre incalculable, si l'on ne jetait rien dedans pour les empêcher de crier. L'État le plus heureux serait celui qui trouverait, par de larges économies, assez d'or pour en dispenser à ceux qui n'en ont point ou n'en peuvent avoir ; et ce serait chose possible, si d'aucuns que je sais n'avaient pas dans le ventre un épouvantable ténia qui leur donne une faim trop pantagruélique. Vous savez que le cri de la faim est pour les gouvernants comme un tocsin d'alarme qui ne les laisse point dormir ; il leur importe d'empêcher, par tous moyens possibles, qu'il ne se fasse entendre, et c'est la cause des bienfaits qu'ils répandent, et qui tariraient, sans nul doute, dès que les bienfaiteurs seraient assurés de leur force et de n'être pas atteints des conséquences de cette misère intestine. — Comtesse, croyez-moi, telle est la source du bien qu'un État fait aux pauvres ; il est vrai qu'il la voile sous une cause plus décente, et que la religion est toujours en avant ; mais quand même, ce n'est pas moins l'Égoïsme qui le pousse, et je vous défie de le nier un instant.

— Il faut donc que je batte encore devant vous la chamade en m'avouant vaincue ? Quel homme désespérant vous êtes ! — Baronne, pour votre salut, fuyez-le : il ne vous laisse rien de bon, et l'on est triste pour longtemps de l'avoir écouté ; croiriez-vous qu'il prend le cœur, comme Charles-Quint faisait l'Italie, pour un artichaut ; il vous l'arrache feuille à feuille. Mais que je le déteste, et que

je lui rends bien tout le fiel dont il m'abreuve !
— Un soir, chez moi, il a pris ce petit être
qu'on appelle l'Amour, et l'a disséqué sans
pitié pour me faire toucher son squelette effrayant. — Comprenez-vous, disséquer l'A-
mour ! Vésale n'y eût pas consenti.—Baronne,
fuyez-le, je vous en conjure : il ne respecte
rien. — Et diriez-vous, à le voir, qu'il me
cause tant de peine ? Il ne s'émeut pas plus
des souffrances qu'il fait naître que si, vraiment, il n'y était pour rien, et vous regarde
avec les yeux du plus parfait honnête homme.
— Pédagogue infernal, être sans cœur ni
âme !

— Continuez, comtesse, et dites comme
Lubin à Claudine : rocher, caillou, pierre de
taille, et tout ce qu'il y a de plus dur au
monde.

— Oui, vous êtes ce qu'il y a de plus cruel,
de plus dur et de plus froid.

— Je suis donc le courtisan de la Bruyère :
colonne de marbre, — très-dur et très-poli.

— Allez au diable avec votre politesse !
j'aimerais mieux un paysan simple et vrai-

ment bon, qu'un être de votre sorte, qui n'a
de l'homme que le nom.

La baronne riait aux éclats de ma décon-
venue, et son père s'étonnait d'une fureur
sans cause apparente. Je me rappelai un
instant d'entretien que j'avais eu avec la
comtesse, et je m'expliquai sa colère ; c'était
au sujet de sa fille dont j'avais raillé l'amour
filial, en prédisant que le mariage l'étouffe-
rait presque en entier... jusqu'à nouvel ordre,
et que mon amoureux serait l'accapareur de
ces sentiments filiaux qu'elle croyait avoir si
bien nourris, et qui l'abandonneraient tout
d'un coup pour un homme dont elle ignorait
même le cœur.

— Comtesse, voyez votre Égoïsme, lui dis-
je en lui offrant mon bras qu'elle reprit en
souriant, vous m'envoyez à tous les diables
parce que je ne suis point d'accord avec vous
et que ma raison s'oppose à votre erreur ;
avouez que si j'avais abondé complétement
dans votre sens, et que je vous eusse approu-
vée en tout, j'eusse été le bien venu. C'est
mal à vous de m'en vouloir ; mais je suis sûr

que vous n'y pensez plus, et je m'en vais, en récompense, vous conter une histoire.

— Je ne pourrai donc pas me fâcher sérieusement avec vous ?

— Non, comtesse, et d'ailleurs le pourriez-vous, que vous ne le voudriez pas.

En 1730 vint à Paris un gentilhomme, le comte de Maille ; il y trouva le marquis de Pradeuc, dont il connaissait la famille ; le comte était pauvre et fier ; le marquis n'était ni l'un ni l'autre ; il se prit d'amitié pour de Maille, et, voulant malgré lui l'obliger, lui députa un sien ami porteur d'une somme ronde provenant, soi-disant, d'une pension que lui accordait le ministre, avec qui il s'était secrètement entendu. Il avait recommandé le silence au porteur de la somme, qui, trop heureux de divulguer la bonté du marquis, son ami, la publia partout, au désespoir de Pradeuc. De Maille, fort irascible et entiché d'une fierté un peu bien ridicule, se met en tête que le marquis n'a voulu que tirer de son bienfait une gloire offensante qui insultait à sa pauvreté, il va trouver le marquis, l'insulte, se bat avec lui et... le tue.

Comtesse, mon histoire serait absurde et vide de tout intérêt, si je ne l'avais faite pour arriver à vous parler du dévouement que vous soutenez dépourvu de toute espèce d'Égoïsme, ce que je ne puis accepter.

— Mon cher et très-estimé pédagogue, allez-vous-en parler de l'Égoïsme à qui voudra bien vous entendre, et ne m'en soufflez plus un mot ; laissez-nous, la baronne, ma fille et moi vous précéder aux ruines que nous apercevons, et ne fanez plus, je vous prie, ce qui me reste de bonheur ; joignez-vous au baron d'Orenbach que vous n'avez pas encore vu, à M. de... et à M. de Willencourt qui, malgré vous, aime ma fille et qui est aimé d'elle, et ennuyez-les tous autant que vous voudrez ; je vous souhaite quelques coups de bâton, et vous aime de tout mon cœur. — Venez, baronne, fuyons cette Méduse.

> Je la déteste, je l'abhorre,
> Mais c'est trop m'en entretenir ;
> Car, à force de la haïr,
> Je pourrais bien l'aimer encore.

— Ah ! comtesse, si je n'étais le plus froid des hommes !

Et de courir toutes trois, comme les Grâces après la pomme de Pâris. — Je me retrouvai au milieu de mes compagnons de voyage.

— Monsieur, dis-je au baron d'Orenbach, que je voyais, en effet, pour la première fois, madame la comtesse de Neuville prétend que le dévouement n'est pas égoïste, et moi je soutiens le contraire ; je vous fais juge. Qui de nous a raison ?

Le baron regarda son beau-père, qui regarda mon élève, qui me regarda, et je n'obtins pas de réponse.

— Monsieur, repris-je, vous ignorez et je vous apprends que je suis un charlatan qui m'offre de prouver que tous nos sentiments sont égoïstes, et j'ai sur mes confrères l'avantage de ne rien demander pour salaire. — J'ai prouvé, ces jours passés, à madame la comtesse et à d'autres personnes que l'Amour, l'Amour maternel, la Religion et l'Amitié sont égoïstes ; souffrez que je vous endoctrine pour vous prouver, à vous aussi, que le Dévouement ne l'est pas moins, et que, me donnassiez-vous votre fortune, vous seriez égoïste autant que moi en l'acceptant ; soyez persuadé, monsieur, que je suis le plus froid et le meilleur des hommes, et que je vous ai en grande estime ; si l'on vous dit que je suis fou, croyez-le, peu m'importe ; — je ne le suis pas.

— Votre singularité m'attire, répondit le baron ; je vous écoute de bon cœur. Il se peut que vous soyez fou ; mais, loin d'en être à plaindre, vous n'en seriez que plus heureux.

— Chut ! lui dis-je, ne parlez pas ainsi : vous me feriez douter de votre intelligence. —Les fous sont heureux, croyez-vous ? ce n'est là qu'un mot qui ne peut provenir que d'un fou ; — ils sont heureux, qu'en savez-vous ? et même ! — comme les brutes peuvent l'être ; — aimeriez-vous mieux être une brute qu'un homme ? Je ne le veux pas croire. — La mort vaut mieux que la folie : un cadavre est utile, au lieu qu'un fou n'est bon à rien, —bien plus ! il prend la part d'un homme.— Ne souhaitez donc point de n'être pas ce que

Dieu vous a fait ; que les hommes soient ce qu'ils sont, *sint ut sunt... aut non sint.*

Le dévouement, qui semble tout d'abord et plus que tout autre sentiment inégoïste, l'est vraiment, — ce dont je veux vous convaincre.

Sans parler du dévouement intéressé, qui est le plus commun, prenons ce sentiment dans sa valeur pure et honnête.—Vous, par exemple, vous vous jetez à l'eau pour sauver un homme ; le veut-il, le désire-t-il ? peu importe ; mettons qu'il crie à l'aide. — Qui vous pousse à risquer vos jours pour cet homme qui vous est inconnu ; à vous exposer à la mort sans penser à vos proches , à votre femme, à vos enfants ? Qui vous pousse, si-non le bonheur que vous éprouvez en son-geant que vous allez sauver un homme, le rendre à sa famille, vous qui oubliez la vôtre, et lui procurer, en l'arrachant à la mort, ce bonheur que vous ressentez vous-même en vous y exposant pour lui ? Vous êtes en-traîné par un élan du cœur tellement invin-cible , que vous n'y pouvez résister , car vous vous feriez plus tard un remords de cette résistance. Vous n'agissez donc que

pour vous ; s'il en était autrement, ne se-
riez-vous pas retenu par la pensée de tous
ceux qui vous aiment et que vous allez mettre en deuil pour un homme qui vous est
étranger et qui, partant, vous est moins cher
que ceux que vous risquez d'abandonner?
N'en convenez-vous point? N'est-il pas vrai
que vous aimez les vôtres bien plus que l'inconnu pour le salut de qui vous vous exposez
à périr, et que vous agissez ainsi pour obéir à
une voix intérieure, puissante, irrésistible?
Si c'est pour un des vôtres que vous vous dé-
vouez, l'Égoïsme est encore plus frappant,
car alors il se double de la crainte que vous
avez de perdre une douce affection.

Avez-vous déjà pu remarquer combien le
dévouement s'accroît en présence d'un être
aimé? Je ne veux pas dire pour un être aimé,
mais seulement en sa présence. Tel se livre,
devant une femme qu'il aime, à une mort
presque certaine, qui, sans cette occurrence,
ne s'exposerait pas. Et c'est un contre-
sens qu'une action pareille; car s'il aime tellement cette femme qu'il veuille augmenter
son amour par l'épreuve qu'il s'impose en

16.

risquant sa vie, il est inconséquent à lui de courir à une mort possible qui lui fera quitter cet amour pour lequel cependant il s'expose, sans saisir que la conséquence de son action lui peut ravir l'amour qui la lui fait commettre. Mais la vanité, plus puissante que l'amour, sollicite et contraint.

— Vous n'admettez en nous, il paraît, interrompit le baron d'Orenbach, qu'un seul sentiment, l'Égoïsme ; car si vous parvenez à l'extraire du dévouement, il va de soi que notre cœur en est plein ; j'ai entrepris comme vous cette étude, et j'y ai renoncé par dégoût ; en me creusant le cœur pour l'examiner à mon aise, je m'aperçus un jour que je le tarissais, et ne voulus point continuer.

— Vous avez eu bien tort, car je ne comprends pas que cet examen en eût pu changer la nature qui ne peut point ne pas être égoïste ; quelle faiblesse vous a pris, que vous ayez eu peur de découvrir la vérité? C'est vraiment une honte : elle vous eût guéri des erreurs solidement ancrées en vous et qu'il est toujours bien d'étouffer. M. de Willencourt

ne s'y est pas ainsi rebuté ; j'espère qu'avec
le temps il se fera raison d'une foule de sentiments erronés qu'il cultivait naguère avec
trop de tendresse, et qui maintenant sont
muets, ou peu s'en faut. Il se lamentait d'un
pitoyable amour tourné en passion, et, aujourd'hui qu'il en connaît le tuf, je gage ma
raison qu'il n'en pleurera plus, pas plus que
d'autre chose, et qu'il tient la juste mesure
qu'on doit faire des hommes.

Si j'en avais le temps, je vous prouverais
comment, sans les aimer beaucoup, j'arrive
à ne vouloir que leur bien-être et à m'y prodiguer plus que pas un ; comment, sans faire
grand cas d'eux, je n'aspire qu'à leur bonheur ; comment, sans ignorer que ce qu'ils
font pour moi, ils ne le font que pour eux , je
cherche à faire tout pour eux, et comment,
recouvert des plus beaux sentiments : Bonté,
Justice, Dévouement, Abnégation, Désintéressement , mon Égoïsme y trouve tout son
compte. — Mais, monsieur, M<sup>me</sup> la comtesse
vous appelle, et vous, mon cher élève, envo-
lez-vous à vos amours.

M. de..... me restait, qui m'accabla de

questions toutes plus naïves les unes que les autres, et finit par me dire :

— Un homme qui raisonne comme vous et qui veut inculquer à chacun ses croyances ne peut agir ainsi sans avoir un but arrêté qu'il cherche à poursuivre toujours. Que les hommes soient égoïstes, c'est bien, je vous l'accorde ; mais ne savez-vous pas qu'il est dangereux de le leur apprendre ? car cette connaissance trop profonde qu'ils auront chacun de leur nature refroidira leur cœur et n'aura pour conséquence que de restreindre peu à peu leurs liens réciproques et de les isoler l'un de l'autre quand ils reconnaîtront la vraie cause de leurs actions. Est-ce là votre but ? Il est inhumain, et, sans entrevoir cependant qu'il puisse ne pas l'être, je voudrais me prouver le contraire.

— Je le ferai pour vous. Écoutez, voici mon but : Les hommes s'aimant autant, je pourrais dire plus, pour leurs vices que pour leurs vertus, je cherche à leur inspirer, aux uns pour les autres, le dégoût qu'ils m'inspirent, afin que leur pensée, détachée peu à peu de l'amour exclusif qu'ils ont les uns des autres,

se reporte plus à Dieu dont l'amour n'est chez
eux que conventionnel, et qu'ils arrivent à
l'aimer tellement par la répulsion mutuelle
qu'ils éprouveront d'eux, qu'ils soient forcés
par l'amour divin à revenir à l'amour d'eux-
mêmes, mais châtré cette fois de tous ses vices; c'est-à-dire que les liens sociaux, n'exis-
tant que par amour de Dieu, n'auront en vue
que le bien-être réciproque, et non le seul
bien personnel qui fait toutes nos passions.
Je souhaite qu'il arrive un jour où les hommes
se détesteront tellement à la vue du sordide
Égoïsme qui les meut aujourd'hui, qu'ils
n'auront plus à aimer que Dieu dont l'amour
seul les peut contraindre à s'entr'aimer divi-
nement. — Vous voyez que je suis le plus
froid et le meilleur des hommes ; car sans les
aimer je les aime, puisque je n'aime que
Dieu.

———

Oui, madame, répondis-je à la baronne
qui m'appelait, je vais vous raconter l'histoire du couvent de Fremersberg.

# CHAPITRE VIII

Mon cher enfant, dis-je à M. de Willencourt, les entretiens que j'ai eus avec vous suffisent à vous amener à déduire l'Égoïsme de toutes les actions de l'homme ; il devient inutile que je vous ennuie plus longtemps de détails qui seraient superflus, les sentiments que j'ai analysés devant vous étant la base de tous ceux que renferme le cœur.

Je vous ai dit : la Justice et l'Arbitraire, l'Indifférence et l'Amitié, l'Amour et la Haine, la Vertu et le Vice, l'Athéisme et la Piété, — tout naît de l'Égoïsme. Nous avons décomposé l'Amour, l'Amitié, la Vertu, la Piété ; — je ne vous parle donc que de la Justice, et le fais en un mot : l'homme qui la rend obéit à sa conscience ; sa conscience

c'est lui; je n'y veux pas trouver d'autre
Égoïsme.

L'Arbitraire, l'Indifférence, la Haine, le
Vice, l'Athéisme, sont des sentiments trop
visiblement égoïstes pour qu'il soit nécessaire
de s'y appesantir; leur nom seul les trahit.

Remarquez que les mauvaises passions ont
toujours pour mobile l'Égoïsme brutal que
flétrit le monde, l'Égoïsme de l'homme en
tant qu'animal; — les bonnes, au contraire,
ne proviennent que d'un Égoïsme moral, si
je puis ainsi dire, de celui qui nous reporte à
Dieu.

Je n'ai plus maintenant qu'à vous montrer
le but que je me suis proposé en arrachant
pour vous le masque à nos passions. Je n'ai
voulu que vous prouver le peu de cas que
nous devons faire de l'homme pour l'homme,
et sans doute vous m'avez compris. J'ai commencé par étourdir l'égarement de votre
amour, afin de vous en épargner à vous-
même la honte, et vous m'en saurez gré; j'ai
fait ce que j'ai pu pour vous sauver d'un ridicule abattement et pour vous donner le
bonheur; vous m'avez cru le plus méchant

des hommes, et je suis meilleur qu'eux ; cette
cruauté n'était vraiment que de l'humanité,
lame d'acier cruellement pitoyable qui s'en-
fonce dans la blessure, et qui fait souffrir un
instant pour extraire le germe du mal. Je ne
me targue pas d'un mérite qui n'a point pour
moi de valeur ; ce que j'ai fait n'a été que
pour moi, vous ne m'en devez rien. — Vous
allez saisir ce bonheur pour lequel vous avez
pleuré sans raison ; que si mes paroles ont
sur vous quelque poids, faites état de ce que
je vais vous dire :

N'aimez pas les hommes pour eux, vous
vous obligeriez à aimer et le bien et le mal ;
— n'aimez que Dieu, mais aimez-le infiniment, — car il a tout fait pour vous ; votre
Égoïsme vous ordonne de l'aimer ; qu'il se
résume à cet amour, s'y concentre, s'en pé-
nètre, ne se sustente que de lui, et vous verrez que votre éloignement des hommes, qui
vous jettera au sein de Dieu, vous les fera
plus aimer alors que jamais ; votre Égoïsme à
ne les aimer pas vous forcera de les aimer
davantage ; vous deviendrez l'homme de
Dieu, aimant Dieu dans la créature et la

créature dans Dieu; — peut-être le plus froid, mais le meilleur des hommes.

— Hé là, mon pédagogue! me cria la comtesse, qui arrivait suivie de la baronne, et toutes deux en toilette de voyage, est-il vrai que vous partiez ce soir?

— Oui, comtesse. M. de Willencourt est maintenant mon prosélyte, et j'en veux chercher d'autres; je retourne à Paris.

— Mais vous n'irez pas seul; nous ne vous quittons pas, sachez-le; vous viendrez signer le contrat, j'y engage votre Égoïsme.

— Mon Égoïsme accepte volontiers, comtesse. Aussi bien je veux convertir madame la baronne ce que je pourrai faire en route,— à moins que ce ne soit elle qui me convertisse, — et le diable est capable de tout.

— Merci bien de la comparaison, vous me donnez votre portrait.

— Changeons, baronne, et donnez-moi le vôtre.

— Qu'en feriez-vous?

—Je le mettrais aux yeux de tous les hommes en leur disant que vous êtes un ange, et tous les hommes aimeraient Dieu.

<hr>

A quelque temps de là, je passais la soirée
chez la petite baronne, qui était devenue tout
à fait mon amie. La conversation tomba sur
ce voyage, qu'elle me pria d'écrire, et, malgré
ma paresse habituelle, j'obéis. — M. de...
vint à le trouver chez elle.

— Monsieur, me dit-il un jour en m'abor-
dant, j'ai lu votre récit de notre voyage à
Baden ; quelle idée vous a pris de l'écrire ? à
quoi bon ?

— A quoi bon, je ne sais ; madame la baronne me l'avait demandé.

— Vous m'y avez un peu bien maltraité.

— Par forme de dialogue.

— A cause du principe que vous préconi-
sez, vous n'auriez pas dû obéir au caprice
d'une femme.

— Eh ! monsieur, vous en parlez bien à votre aise.


Dans le monde on fait tout pour ces animaux-là.


FIN DU PÉDAGOGUE.

# HÉVELLA

Les larmes sont l'extrême sourire
de l'amour.

# HÉVELLA

## I

Un soir d'été, j'allais sur le bord de la mer,
pensant à toutes choses, ou plutôt ne songeant
à rien ; çà et là, je poussais du pied dans le
gouffre un galet que, plus loin, le flot me
renvoyait en venant lécher la grève. Sans
souci de l'heure qui fuyait insensible, je
poursuivais ma lente promenade, et prenais
pour le dernier reflet du jour la première clarté
de la nuit.

Ainsi perdu dans mes rêveries creuses, je
gravis une roche stérile que la mer étranglait
de ses embrassements ; les caprices du bloc
informe empêchèrent mes pas. Jetant alors

les yeux autour de moi, je me vis suspendu
presque sur un abîme, au flanc de ce rocher
que je tremblai de descendre ou de gravir
encore. Étonné du chemin que j'avais par-
couru, pressé par l'heure, je commençais à
dévaler ces degrés périlleux, quand soudain
un bruit m'arrêta. — J'écoutai. — Je n'entendis que les battements précipités de ma
poitrine. — Jouet d'un nouveau rêve, je fran-
chissais une marche, — quand je restai cloué
au sol. — Cette fois j'avais bien entendu, car
j'entendais encore. — C'était le son d'un instrument inconnu pour moi, une musique
étrange, toute une harmonie de douleur.
— Peu à peu, le bruit semblait s'éteindre ou
s'enfuir ; mais voici qu'une dernière vibration
retentit si poignante et si forte, que je me
sentis froid au cœur. — D'où venait ce cri de
l'âme? La plage était déserte, la roche inac-
cessible, la mer n'avait pas un point noir. —
Je ne sais pourquoi, mais j'eus peur; et, tout
tremblant, non plus d'une chute, je parvins à
retoucher le bord, que je désertai au plus vite,
sans m'expliquer la cause d'une frayeur stupide dont je ne pus me rendre maître.

## II

Rentré dans la cabane de mes hôtes, les traits bouleversés, mon égarement redoubla l'intérêt que mon absence avait fait naître. Aux questions bienveillantes que chacun m'adressait, je ne répondais que par un regard plus rempli de terreur que de gratitude. Silencieux, je fus m'asseoir au foyer, où mes yeux creusèrent longtemps la flamme sans y trouver la raison qui fuyait mon esprit en délire.

Il me semble voir encore cette famille de pêcheurs rangée autour de moi, qui devenais pour elle l'objet d'une curiosité inquiète ; tous étaient muets ; pas un mouvement, à peine un souffle ; au dehors le vent gémissait comme la voix d'un mourant.

— Qui donc, m'écriai-je en sursaut, chante à cette heure de nuit sur vos grèves ?

Je sentis mon front se perler de sueur ; je tremblais de froid, j'avais la fièvre ; jamais je ne compris l'horrible tressaillement qui, dans cette seconde, s'empara de moi ; je m'effrayais de leur réponse et j'avais hâte de l'entendre.

— J'aurais voulu ne pas avoir parlé.

Je les regardai tous. — Leurs visages étaient aussi pâles que le mien ; — je les vis trembler comme moi.

— C'est *la Roche qui plaint* ! répondit le plus âgé d'entre eux.

Sa voix me sembla caverneuse.

— C'est *la Roche qui plaint !* répéta-t-il.

Et comme il frémissait, les autres se serrèrent contre lui pour lui faire comprendre qu'ils étaient encore là, et qu'il ne demeurait pas seul.


### III


Après une nuit sans sommeil, après un jour d'impatience, je vis avec crainte et plaisir le retour de la nuit.—Maître enfin de ma raison, revenu d'une frayeur puérile qui n'excita que ma pitié, je regagnai le roc mystérieux. —

Vingt pas à peine me séparaient de lui, que je crus entendre la même harmonie que la veille. — Je ne pus faire un pas de plus ; je tombai sur le sable.

Le vieillard de la cabane, ayant deviné mon dessein, m'avait suivi de loin ; il fut à l'instant près de moi.

— Vous êtes un enfant, me dit-il, de vouloir pénétrer le mystère ; de plus vaillants que vous y ont succombé ; gardez-vous de *la Roche qui plaint* !

— Ne m'entraînez pas, lui dis-je à mon tour, en me cramponnant au rivage pour vaincre son étreinte ; je veux écouter jusqu'au bout, et m'expliquer enfin cette effrayante énigme.

— Vous êtes un enfant. — Vous n'entendez encore que les cris convulsifs que l'écho d'un orage peut jeter près de nous ; mais lorsqu'à votre oreille bientôt retentiront les longs gémissements d'un être ou les plaintes d'une âme maudite du Seigneur, vous reculerez et direz comme nous qu'il faut être imprudent pour se hasarder seul à parcourir les bords qu'habite le démon.

— Sans doute que ce n'est qu'un fou.

— Les fous ont un corps que l'on voit, que l'on touche ; les fous, enfin, sont des hommes. Les pêcheurs de la côte ont, durant bien des jours, habité, visité, frappé, sondé la roche, et jamais un seul cri, un seul homme, un seul être, à leurs yeux n'a paru ; mais nul, pendant la nuit, n'a osé demeurer dans cette solitude , car toujours l'infernale harmonie revenait, glapissante, frapper de folie les pêcheurs.

— A quel instant cette voix parle-t-elle ?

— Dans une heure vous l'entendrez , — si vous osez vouloir l'entendre !

— Je le veux.

— Enfant, vous êtes téméraire ; craignez de vous en repentir.

— Bon vieillard, tout être qui chante prie ; — celui qui prie est un enfant de Dieu.


## IV


Le vieillard me quitta.

J'approchai lentement de la roche, et m'as-

sis à sa base ; épiant tout bruit, tout murmure, j'aurais voulu serrer mon cœur dans
ma main pour l'empêcher de battre ; le cla-
potement des vagues qui bavaient sur moi
leur écume, irritant ma fièvre, semblait nar-
guer mon impuissance d'éteindre leur bruis-
sement monotone.

A peine avais-je tourné les yeux vers cet
immense fantôme découpé dans le ciel, qu'il
en tomba, par saccades et comme de pierre
en pierre, un son rauque, affreux, sardo-
nique, comme le ricanement de la mort.— Je
n'entendais rien autre alors, tant mon esprit
s'attachait tout entier aux caprices épouvantables de ce démoniaque instrument.

Durant cinq minutes, cinq minutes pour
moi d'une ravissante extase, mon âme aban-
donna la terre, emportée par cette mélodie
bizarre, sauvage, inconnue, enivrante et
presque surhumaine. —Une heure seulement
de ce terrible et délicieux éblouissement, et
je fusse devenu fou ; mon hallucination rou-
lait dans des sphères indescriptibles, que les
rêves les plus fantastiques peuvent à peine
donner en image.

Un instant la musique s'arrêta pour reprendre aussitôt, mais domptée par une voix humaine qui me pétrifia.

Cette voix, cependant, devint si plaintive et si douce, et si pleine de larmes, que mon effroi disparut et fit place à toute la pitié qu'inspire une douleur comprise, même sinon partagée.

Si avide que je fusse des paroles du larmoyeur, je ne pus retenir que ces strophes :

Il est, il est sur terre, et perdus dans le nombre,
        De ces êtres maudits
Qui cachent, en pleurant, leur tristesse dans l'ombre,
        Et dont l'âme ignorante et sombre
        Ne rêve que du paradis ;

De ces êtres pour qui tout est deuil et misère,
        Indomptable douleur,
Que Dieu punit, un jour, dans sa sainte colère,
        En leur mettant, comme un ulcère,
        Un éternel amour au cœur.

Non pas un fol amour, capricieux, vulgaire
        Et charmant à la fois ;
Mais un feu dévorant qui les jette au suaire,
        Eux qui ne montent au Calvaire
        Que rompus sous leur lourde croix.

Pitié pour ces maudits qui traînent au martyre
        Toute leur vie en pleurs ;

Que les larmes de ceux qui ne peuvent sourire
  Tombent en leur âme en délire
  Pour y faire germer des fleurs !


Cet être seul, ignoré, perdu au monde, cet être souffrait et pleurait ; c'en était assez pour que je le voulusse voir et connaître. — Certain de la réalité, je rentrai dans ma cabane, heureux que Dieu me permît de consoler un homme.


## V


Le lendemain, vers le milieu du jour, je pris une longue corde et me rendis à *la Roche qui plaint*. Parmi les degrés inégaux, les bruyères et les ronces, je m'ouvris un passage ; je marchai longtemps, car la roche était haute et dangereux le chemin. Remarquant chaque pierre, chaque pas, chaque ouverture, j'arrivai sur une plate-forme de verdure d'où j'embrassai d'un regard la magnifique solitude. Du sommet où j'étais par-

venu, toute ascension y semblait impossible ;
je m'étonnais moi-même d'avoir pu surmonter les obstacles qui, alors, paraissaient ina-
bordables. De l'autre côté, j'essayai de descendre pour fouiller les entrailles du roc ;
vainement : mon pied glissait ou manquait
d'appui ; je faillis à rouler d'écueil en écueil
jusqu'au plateau inférieur où je voulais atteindre ; aucun homme assurément ne pouvait passer par là.

Je fis le tour de ce lambeau de prairie si
rapproché du ciel et si favorisé, qu'on l'eût cru
formé tout exprès pour abréger à l'ange des
tempêtes l'espace des cieux à la terre. N'était
l'herbe abattue sur le bord de l'abîme, rien
n'y accusait l'homme. Mystère étrange que
ne purent dévoiler mes recherches.

Il me fallait donc attendre la nuit. Mais
pour n'effrayer pas l'invisible fantôme, je
m'enfus de la roche après avoir eu soin, afin
de retrouver ma route, de nouer fortement
aux ronces serpentines un des bouts de ma
corde, que je fis courir, comme une rampe
improvisée, dans les nombreux contours et les
difficultés du chemin ; j'en fixai l'autre bout

sous une pierre dans le sable, et me promis
bien d'arriver, le soir même, au terme de
mon inquiétude.


# VI


Dix heures sonnaient à l'horloge rustique
quand je désertai la cabane. Une lanterne
sourde à la main, j'allais, silencieux, écoutant
jusqu'au murmure dès vagues. Aucune voix,
aucun son ne vint troubler le calme de la
nuit.

J'attendis jusqu'à la onzième heure, mais
la roche resta muette. Je me résolus à poursuivre, et, saisissant ma corde protectrice, je
me laissai conduire sur ce rocher abrupt
comme dans les méandres des catacombes. —
A mesure que je marchais, mon assurance
faiblissait ; un tremblement involontaire me
parcourait le corps. Malgré le danger possible
auquel je m'exposais, je n'eusse pas reculé
pour un monde, tant je redoutais plus mon
incertitude que le danger même.

Je revis le plateau de verdure ; la nuit ne me montrait que ce que j'avais laissé ; l'énigme était encore inexplicable..

En furetant et marchant au hasard, j'avais perdu la ronce qui retenait ma corde ; force me fut donc de côtoyer le roc, afin de la trouver pour pouvoir redescendre ; mon pied s'embarrassa ; voulant reconnaître l'obstacle, j'abaissai ma lumière, et jetai soudain un cri épouvantable en m'affaissant lourdement sur le sol.

## VII

Combien de temps s'écoula, je l'ignore. Quand je rouvris les yeux, j'avais perdu la raison. — Le feu qui brûlait toujours me rendit le souvenir. — Je me précipitai et dirigeai la flamme sur une masse informe qui gisait près de moi. J'aperçus un homme enveloppé dans une longue robe de velours noir ; ses mains maigres et blanches étaient crispées sur les cordes d'une lyre qu'il serrait convulsivement contre son sein. — Lorsque mes yeux tombèrent sur son visage... oh! quel instant...! où l'excès de la frayeur, dominant la frayeur même, me rendit le jouet d'une folie passagère qui m'ôta tous les sens : ses yeux ternes, ouverts, immobiles, étaient fixés sur moi; à son visage, pas un muscle : on eût dit des prunelles vivantes fichées dans une tête de marbre. — D'une main contenant sa lyre, il se souleva de l'autre, et s'approchant de mon être hébêté :

— « Que voulez-vous? » me dit-il à voix basse.

La prostration complète où j'étais encore ne me permit pas de répondre.

— « Que voulez-vous? » répéta-t-il de même, en posant sa main sur mon front.

Un frisson me saisit : sa main était glacée.

— « Pourquoi venez-vous m'éveiller? con-
» tinua-t-il; il faut laisser dormir en paix
» *celui qui a été*. Que l'homme soit avec
» l'homme, Dieu le veut; que l'âme soit avec
» l'âme, Dieu le veut. Le corps et l'âme, deux
» choses. Principes du ciel et de la terre,
» l'une anéantit l'autre; l'âme, c'est la

» femme ; l'homme, c'est le corps ; l'une
» noble et divine ; l'autre brute et humaine,
» et cela est. C'est des entrailles de la femme
» qu'est sorti le Sauveur ; mais le Sauveur
» n'était qu'un homme inspiré de Dieu, et il
» est mort, et son âme est là-haut ; tandis
» que la Vierge est ici, là, plus loin, partout,
» et toujours avec nous. La Vierge, c'est le
» calice de la divinité, parfum mystérieux
» qui attire. La femme a la forme de la
» Vierge du ciel, parce que la femme est la
» Vierge de la terre. »

Il se tut et tourna son regard du côté de la mer.

Devant une telle infortune, un deuil immense s'empara de moi ; des pleurs lourds et brûlants m'inondèrent. Je contemplai ce visage sur lequel l'intuition divine se reflétait pour ainsi dire, par la béatitude où il paraissait être de ne se croire plus sur la terre.

Il sembla écouter avec avidité ; ses yeux se prirent à jeter des éclairs. Penché sur le gouffre comme pour entrevoir un objet invisible ; il me fit tressaillir :

— Arrêtez ! m'écriai-je en lui retenant le corps, vous allez vous tuer !

— Taisez-vous , taisez-vous ! reprit-il à voix basse en étendant son bras vers la mer... Écoutez !... *la Voix qui pleure !*

## VIII

« C'est elle qui vient ainsi m'endormir chaque
» soir ; son chant est toujours le même, et tou-
» jours je l'écoute avec ravissement. Dieu, qui
» me l'avait confiée, me l'a ravie ; les anges ne
» commercent pas longtemps àvec nous. Elle
» m'aime encore, puisqu'elle vient si près de
» moi que je la puis entendre ; elle ne veut
» pas me quitter, et pourtant je voudrais
» qu'elle m'abandonnât, car cet amour divin
» est un amour profane qui la peut faire chu-
» ter du ciel. Elle n'a pas besoin de me dire
» chaque jour qu'elle existe pour moi ; je
» ne suis plus un homme pour qu'elle craigne
» encore de perdre cet amour. — Ne plus

» l'entendre serait un supplice cruel, — mais
» je voudrais qu'elle m'abandonnât : son
» bonheur m'est plus cher que le mien.

» Vous me comprendriez si vous l'aviez
» connue, si vous l'aviez vue seulement.
» — Non ; — vous êtes un homme, et vous ne
» comprendriez pas ce qui tient de la terre et
» du ciel, car vous êtes tout à la terre.

» Entendez bien et croyez : l'amour n'est
» amour qu'en tant qu'il soit divin ; c'est-à-
» dire : que l'être aimé soit regardé par vous
» non comme une créature, mais comme une
» chose deux fois divine, contre une fois hu-
» maine : — une fois humaine, par le corps,
» qui est peu ; — deux fois divine, par sa
» qualité propre et personnelle, — et par
» celle qu'elle nous donne de partager la
» sienne.

» Dites bien : l'amour n'est éternel qu'in-
» spiré par la femme ; éphémère par l'homme,
» parce que la femme est divine par l'âme,
» et que l'homme ne devient divin que par
» l'influence de la femme et jamais par lui-
» même, ses instincts étant bruts.

» C'est un principe vrai ; car l'homme sans

» amour n'est qu'un animal très-intelligent.
» C'est l'amour qui l'élève à Dieu, et l'amour
» n'étant qu'une inspiration de la femme, la
» femme est divine.

    » Salomon a dit : *La femme est plus amère que
» la mort* ; — et doublement il se trompait ;
» l'amour n'était jugé ainsi que par son sen-
» timent d'homme. En maxime, il eût mieux
» dit : *La femme est plus douce que la mort*; car,
» pour celui qui aime, la mort est et doit être
» douce, parce que celui qui aime croit en
» Dieu, et que ce qui tient de Dieu survit à
» la tombe. — Il se trompait en accusant
» d'amertume la femme. Quel qu'en soit
» le terme , l'amour, en tant qu'amour vrai,
» est toujours ce qu'il y a de plus enviable sur
» la terre ; et plus vous vous sentez souffrir
» de l'amour, plus vous êtes heureux, car
» plus vous aimez. — Si vous préférez que la
» perte de l'être aimé vous laisse sans
» souffrance, vous êtes une brute et vous
» n'aimez pas. — Si vous aimez, votre souf-
» france est la divinité de votre amour. —
» Ignorez-vous que la nature de l'amour est
» cette tristesse qui pousse à la prière, et que

» plus on aime, plus on est triste, et que, par
» conséquent, plus on est triste, plus on
» aime.

» Un homme a dit: *Les larmes sont l'extrême*
» *sourire de l'amour.* — Si cet homme a pensé
» cela, il aimait; car les pleurs sont les gouttes
» de rosée qui tombent sur la fleur d'amour
» et qui lui conservent la vie. Qui craint de
» souffrir n'aime pas ; et je ne suis ici que
» pour me soumettre au martyre, de peur
» que le bruit du monde n'apaise ma douleur,
» car il ne saurait l'éteindre — ou du moins
» je le crois. — Rien n'égale le bonheur qu'un
» amour perdu laisse après soi, sinon celui
» de l'amour même ; — ce bonheur de l'âme
» peut encore être calculé à la somme du
» malheur dont le vêtent les hommes.

» Que cherchez-vous ici? me dit-il brusque-
» ment ; — qu'y venez-vous faire? Vous êtes
» un homme, et je n'en suis plus un ; quittez
» donc ma retraite et perdez-vous encore
» dans le tourbillon du monde d'où l'on ne
» sort que couvert de boue. — Vous n'aimez
» pas, vous; vous n'aimez rien. — Si vous
« aimiez, vous ne seriez point ici ; — vous

» seriez auprès d'Elle. — Ma bien-aimée ! —
» je ne la quittais jamais ; nous n'avions
» qu'une âme, qu'une existence à deux ; —
» elle était belle ! — Oh ! si vous l'aviez vue !
» Mais si l'on aime, qu'est la beauté ?

  » Silence ! ne l'entendez-vous pas ? — C'est
» elle encore. — Oh ! *la Voix qui pleure !* »


## IX


« Je vous étonne de cet amour, incompré-
» hensible pour vous ; mais je l'aime tant ! et
» je puis croire qu'elle  aussi m'a aimé ; car
» chaque fois que je l'appelle pour m'assurer
» qu'elle veille avec moi, elle me redit son
» nom : elle sait que rien ne m'est plus doux. »
  — « Hévella ! » cria-t-il.
  — « Hévella ! » répéta l'écho.
  » Vous voyez bien qu'elle ne m'a pas aban-
» donné, puisqu'elle est près de nous ; mais
» je ne la distingue plus, et jusqu'ici sa seule
» voix arrive comme un soupir du ciel.

» Ils disent, les hommes, que je suis fou,
» que toute ma raison m'a fui. — Vous croyez,
» j'estime, qu'ils se trompent, et qu'ils ne me
» voient insensé que parce qu'ils ignorent la
» nature de mon être.

» Voici deux mois que j'ai quitté la grande
» ville ; — ils m'avaient enfermé... Chut ! —
» que vous ai-je dit, — et pourquoi vous l'ai-je
» dit ? — Vous allez m'arracher à la vie. —
» N'abusez pas de ma créance ; je suis bien
» malheureux. — Ils m'avaient enfermé, son-
» gez donc, parmi des fous ! — et, parce que
» j'étais égaré dans la tourbe de ces insensés
» misérables, ils juraient tous de ma folie ; si
» même ils savaient que je suis libre encore,
» perdu pour eux dans ma retraite obscure,
» il est sans doute qu'ils viendraient m'en
» ravir, et qu'ils me livreraient à ces idiots
» béats, en m'accusant d'une folie cruelle
» dont ils sont seuls atteints. — Vous compre-
» nez déjà que ma raison est saine, et rien en
» moi ne dit que je sois fou. — Riez donc en
» apprenant la cause de l'erreur : ils me trai-
» taient de fou, parce qu'ayant perdu mon
» amante, et voulant ensevelir auprès d'elle

» tout ce qui lui avait appartenu, j'avais fait
» dans la terre un grand trou pour y cacher
» mon âme. »

# X

Bien malheureux était-il, en effet, cet homme ; et pourtant sa folie, si triste qu'elle fût, était bien préférable à la raison qui eût doublé sa misère.

Les fous qui, jusqu'au bout, conservent ce délire calme et extatique de l'amour doivent éprouver, ce semble, une quiétude physique tout à fait étrangère aux êtres de raison, et ne ressentir que des vibrations de la pensée, profondes, durables, incessantes dans leur folie, dont leur folie même n'est que la conséquence.

Jaloux d'apprendre la cause vraie de ce malheur, je le priai de me confier le secret de sa vie. — Son regard, qu'aussitôt il porta sur moi, me courba sous sa fixité.

— « Vous voulez, me dit-il, connaître cette
» histoire ? — Soit. — Si vous me trompez,
» vous n'aurez que mon corps, puisque je n'ai
» plus d'âme ; et mon corps est si peu de chose,
» qu'il ne vaut pas la peine que pour lui je
» refuse de vous satisfaire, et que je me
» plaigne le bonheur de parler longtemps
» d'Hévella. — Surtout n'allez pas m'inter-
» rompre ; — en parlant d'elle, je me crois
» avec elle ; — laissez-nous seuls, tous deux ! »

Il voila de ses mains son visage, parut
un instant s'interroger lui-même, et enfin
commença :

# XI

« J'étais bien jeune, alors. — Oh ! qu'il y a
» longtemps de cela ! — depuis, tout un monde
» a passé. — Chaque soir, je gravissais la
» montagne que vous voyez peut-être. —
» J'allais seul ; j'aimais à rêver. — J'avais
» encore ces illusions qui meurent tout d'un
» coup, parce que toujours elles tombent de

» si haut! — La clarté de la nuit argentait
» les flots d'herbe doucement caressés par la
» brise ; je regardais sans voir ; mon âme
» absorbait ma vue même. — Cependant,
» j'aperçus de loin s'élever une ombre blan-
» châtre qui semblait flotter lentement dans
» l'air. — Peu à peu plus distincte apparut
» une forme humaine, une femme, une femme
» plus admirablement belle que les fantômes
» invisibles qui nous aiment et que nous ai-
» mons. — Elle marchait sur l'herbe sans la
» toucher seulement, de peur d'écraser les
» insectes endormis près d'elle, ou d'éteindre
» l'éclat des diamants parsemés à ses pieds.
» — Sa longue chevelure blonde s'inondait
» des parfums d'une guirlande de fleurs qui
» couronnait son front et dont les tiges déta-
» chées s'épandaient odorantes sur ses épaules
» nues. — Sans tourner vers moi ses yeux
» égarés, elle passa si près du morne, que les
» plis de sa robe me frôlèrent le visage. »

« — Arrête! m'écriai-je, qui que tu sois,
» fantôme de la terre ou du ciel, mon âme
» appelle une âme ; viens, et reste avec
» moi. »

« Elle ôta sa couronne, qu'elle jeta sur ma
» tête, et s'enfuit en disant d'une voix déchi-
» rante : « Oh ! les belles nuits embaumées ! »


# XII


« Je courus sur sa trace et tombai à genoux.
» — Par pitié, lui dis-je, par pitié, reste en-
» core ; j'ai si longtemps cherché sur terre
» l'amour qui n'y existe pas ; j'ai si longtemps
» pleuré, j'ai si longtemps souffert ! Où vas-tu ?
» Pourquoi fuir et me laisser perdu dans les
» sillons du monde, quand tu peux me donner
» aujourd'hui cet amour dont je suis altéré ?
» — Écoute, rien n'est durable : aucun être,
» aucun amour ; la mort rend tout éternel, et
» moi je veux mourir, afin d'aimer tou-
» jours. »
    — « Enfant soucieux et sans foi, ne peux-tu
» rencontrer ici-bas un cœur qui comprenne
» le tien et qui soit la réalité de tes rêves ?
» Parce que nulle femme encore n'a voulu par-

» tager ton délire, dois-tu penser ne la trouver
» jamais, et croire à ce deuil immense où se
» noie ton esprit? — Va! tu n'as pas compris
» que les amours divines ne sont faites que
» pour les hommes qui les savent attendre,
» et qui pleurent et qui souffrent comme
» toi bien longtemps avant d'arriver à ce
» bonheur qui touche presque à l'immortalité!
» — Aussitôt que les délices dont tu t'enivres
» deviennent des douleurs, tu désespères, et
» tu ne prévois pas que ces douleurs mêmes
» paient la rançon de ta félicité. — Interroge
» ces souffrances mystérieuses qui trompent
» le regard des hommes par leur immensité,
» frappe à ces cœurs meurtris qui se déchi-
» rent; creuse ces plaies profondes, impitoya-
» blement cruelles, parce que leurs victimes
» doivent souffrir sans se plaindre; et trouve-
» ras-tu peut-être la source d'un amour sans
» fin dans un cœur qui ne voulait qu'une con-
» solation? »

— « Non, je repousse les amours du monde
» où tout n'est qu'éphémère, où tout n'est, le
» plus souvent, que mensonge; je préfère
» gémir de n'atteindre jamais le terme de

» mon espérance, à la saisir un jour pour la
» voir étouffée tout à coup par l'horrible ca-
» sualité du cœur. »

— « Eh quoi ! c'est ainsi que tu juges les
» hommes, c'est ainsi que tu veux vivre par-
» mi eux ! — Que fais-tu sur la terre si tu
» n'as pas cette croyance aux sentiments qui
» les sollicitent à s'aimer, et qui les poussent à
» s'unir dans toutes les phases de la vie ? »

— « Je doute. »


# XIII


— « Pauvre âme, reprit-elle en jetant ses
» bras à mon cou, pauvre âme qui doutes, et
» pourquoi ? Parce qu'aucun amour n'a ré-
» pondu aux incertitudes du tien ; parce
» qu'ignorant toi-même quel être tu veux ou
» tu peux aimer, tu n'as pas connu la femme
» qui fût celle de ton imagination. — Et
» quelle femme veux-tu donc aimer ? — Le
» sais-tu ? — Non ; — tu n'y as jamais pensé.
» Cette chimère que tu poursuis sans cesse

» est ton âme elle-même, indocile, insoumise,
» emportée, qui embrasse les espaces infinis,
» les parcourt, les fatigue, et n'y cherche pas
» un seul point de repère ; éternelle indéci-
» sion qui flotte au gré capricieux de ta pen-
» sée vagabonde et brûlante, et jamais ne
» s'arrête à rien, parce qu'elle regarde tout et
» ne voit rien ; chaos où vague ton esprit
» inquiet, désireux, insatiable ; soif, désir,
» inquiétude de choses que tu ne connais pas,
» que même tu ne saurais demander à qui
» pourrait te satisfaire. — Tu doutes de l'a-
» mour, et tu n'as pas aimé. — Qui m'assure
» que tu en douterais encore si seulement tu
» étais aimé ? — Pauvre âme ! sais-tu quels
» tressaillements inconnus émouvront ton
» cœur lorsqu'une voix douce et plaintive,
» aimante et sincère, te dira que tu es vrai-
» ment aimé ? — Ce cœur, froid jusqu'alors,
» faute d'une étincelle, bondira frappé tout
» à coup dans ses fibres les plus secrètes,
» et, pareil à la fleur qui s'entr'ouvre pour
» s'embaumer de son parfum, s'enivrera
» lui-même de sa première volupté. — Ah !
» tu n'as pas glané dans ce champ de

» bonheur qu'on appelle l'amour ; tu as
» voulu porter à tes lèvres avides toutes les
» coupes du festin sans en vider aucune ; les
» gouttes empruntées, se nuisant l'une à
» l'autre, ne t'ont laissé qu'une saveur alté-
» rante qui te consume.

» Écoute ; — il est temps encore de jouir.
» Ame esseulée comme toi, j'erre chaque nuit
» dans les campagnes en appelant l'amour ;
» — lève tes yeux : je suis jeune, n'est-ce
» pas ? et belle autant que ta chimère ; —
» pose ton front pâli sur mon sein tremblant ;
» pour toi, mes cheveux détachés voileront
» la clarté du ciel ; j'effeuillerai ma couronne
» à tes pieds. — Dors, enfant ; que ton âme
» sommeille.......

» Oh ! les belles nuits embaumées ! »


# XIV


— « Reine des anges, que l'on est bien au-
» près de toi ! — Pour ne pas t'interrompre,

» pour écouter toujours ta voix harmonieuse,
» je t'ai laissée parler ; mes yeux attachés à ta
» lèvre, je buvais ta parole douce comme le
» miel distillé des fleurs.— D'où vient que les
» mots que tu dis ressemblent aux sons d'une
» lyre et que ton chant devienne une prière ?
» D'où vient que ta beauté soit divine et ta
» forme surnaturelle ? D'où vient que main-
» tenant je tressaille d'amour et que tout, à
» ma vue, se réunisse en toi ? — Sœur des
» vierges mystiques qui parcourent en pleu-
» rant toutes les solitudes, pourquoi m'endor-
» mir près de toi, si tu dois fuir à mon ré-
» veil ? Dis-moi que je ne fais qu'un songe, et
» que tu n'existes pas ; ah ! détrompe-moi vite
» en me rouvrant les yeux, car les créatures
» si belles ne sont pas nées pour les humains.
» Cependant tu respires tout bas, et je sens
» ton haleine comme le souffle d'une rose ;
» cependant ton cœur bat sous ma main
» comme le mien sous la tienne ; — ce-
» pendant ta lèvre... O mon Dieu ! qu'ai-je
» fait ! — et quel feu soudain me dévore !
» — La mienne l'a pressée jusqu'à l'émail de
» tes dents, et tu m'as laissé faire ; — tu n'as

» pas eu pitié de mon délire, tu ne m'as pas
» gardé de ce baiser fiévreux qui me brûle ;
» tu n'as pa srepoussé ma main, mon visage ;
» tes bras sont encore à mon cou ! — Ah !
» plus cruelle qu'admirable ! pourquoi m'a-
» voir parlé, pourquoi m'avoir perdu ! Sans
» toi, que vais-je devenir, et qu'est tout le
» bonheur de la terre au prix du seul instant
» que tu m'accordes ! — Tu vas bientôt re-
» prendre ton essor pour m'abandonner à
» cette soif d'amour qui ne pourra s'éteindre
» alors que tu ne seras plus ; je demeurerai
» seul , en proie à la géhenne où ta pensée
» me jettera. — O plus belle et plus terrible
» que les démones ! qui es-tu ? que veux-tu ? »
— « Je suis femme et je t'aime ! »


# XV


— « Ah ! créature qui n'appartiens point à
» la terre, ne va pas t'abuser, ne m'abuse pas
» moi-même, et garde-toi bien de m'aimer !

» — ou n'es-tu qu'une charmeresse qui viens
» essayer sur moi ton poison? — Sois moins
» impitoyable aux douleurs d'ici-bas, sans te
» glorifier de ma perte, qui n'est plus une vic-
» toire; aie compassion de ma faiblesse qui
» s'abandonne à son enivrement; ne raille pas
» de ma crédulité. — J'avais rêvé pour mon
» amour un être façonné par la main divine,
» une femme plus belle et plus aimante que
» les femmes; j'interrogeais les nuits, j'inter-
» rogeais les jours, et jamais cette fée ra-
» dieuse ne m'avait apparu. — Tourmenté
» sans relâche par ce besoin d'un amour in-
» connu, impossible, mon esprit se livrait aux
» conceptions les plus incohérentes, aux plus
» fiévreux égarements; j'embrassais la terre,
» j'embrassais l'air, j'embrassais le feuillage;
» à chaque instant il me semblait apercevoir
» son ombre. Je l'appelais, je la poursuivais
» comme un fou, jusqu'à succomber d'une
» fatigue et d'un mal étranges qui faisaient
» frissonner tout mon corps en l'inondant
» d'une sueur glacée. Je tombais alors sur le
» sol, et restais, inanimé, insensible durant
» ces nuits effrayantes qui me torturaient;

» c'était l'ombre informe, mais belle de toutes
» les beautés que mon âme ardente adorait ;
» c'était l'objet de mon amour. — Ombre plus
» belle encore, et c'est toi que j'ai rencontrée !
» — N'es-tu pas ce rêve de mes rêves, cette
» enchanteresse inaperçue, ravissante, ado-
» rée ? — Oui, tes yeux, ton sourire, ton
» amour sont les siens. — Ah ! dis-moi que tu
» m'aimes, car tu es cette femme, et moi je
» veux t'aimer ! »


# XVI


« Non, — ne parle pas et m'écoute. — Sais-
» tu qu'il faut à mon amour une vierge sans
» tâche, une âme immaculée qui n'ait pas
» tressailli encore des ivresses mondaines ?
» — Sais-tu qu'il me faut un cœur qui ja-
» mais n'ait battu pour un homme ? — Enfin,
» sais-tu qu'il me faut un premier amour ?
» — Ne va pas croire qu'il me suffise d'un
» semblant ou d'un reste ; la coupe du bonheur,

» je la veux tout entière, sans trace qu'une
» autre lèvre en ait touché les bords. — Ah !
» tu détournes tes regards, et ton front courbé
» t'accuse. — Tu as aimé, tu as aimé déjà !
» — Tu voulais donc attirer mon âme pour
» t'en faire un jouet, ou l'image de celle qui
» sourit encore à la tienne? — Tu voulais
» donc me revêtir d'une forme dont tu chéris
» le souvenir ? — Tu voulais donc revoir en
» moi l'être que tu pleures encore, et m'arra-
» cher tout mon amour pour y trouver celui
» d'un homme dont ta passion inassouvie
» m'eût prêté le visage ? — Va-t'en ! je ne
» suis pas une argile choisie pour tes plaisirs
» impurs ; cache ton front, car la rougeur y
» monte ; couvre tes seins, car ils se marbrent
» de baisers, et reprends vite ton essor, car
» peut-être les ondulations de ta robe flot-
» tante voilent le corps monstrueux d'une
» syrène insatiable. — As-tu supposé qu'un
» amour ordinaire pût apaiser mon hallu-
» cination et l'éteindre, et que je fusse heu-
» reux de goûter les délices qu'en m'offrant
» tu n'accordes qu'à un autre ? »

    — « Non, — je puis t'aimer encore. »

— « Tu peux m'aimer encore ! — Mais la
» virginité de tes rêves de jeune fille, mais le
» parfum de l'âme, à qui l'as-tu donné ? —
» Va-t'en chercher loin de ma solitude la pré-
» bende de ta passion. Lorsqu'on est belle
» comme toi, tous les hommes vous font cor-
» tége, et ton cœur est si grand, qu'il ne
» compte plus ses amours. »


## XVII


« Vous ne sauriez croire combien saignait
» mon cœur en lui parlant ainsi ; j'étais pres-
» que heureux de la faire souffrir, et je res-
» sentais moi-même les déchirements que je
» lui prodiguais ; nous souffrions sans doute
» horriblement tous deux, et plus j'augmen-
» tais ma douleur, plus je m'excitais à le
» faire, en croyant augmenter la sienne.
» Voyez-vous, ce plaisir cruel est sans
» bornes ; il est atroce, impitoyable, et ne fe-
» rait grâce de rien si la douleur avait un
» terme ; mais elle double et jamais ne s'ar-

» rête ; nous ne la suspendons que brisés par
» elle et sans force à frapper la victime. —
» Nous ne sommes donc que lâches, même
» au-dessous de notre rôle, n'écoutant les cris
» de l'hostie que faute de pouvoir écouter les
» nôtres. — Tant qu'un signe extérieur venu
» d'elle n'eût pas énervé ma vengeance en
» trahissant son agonie, peut-être l'eussé-je
» accablée ; dès qu'un pleur tomba de sa
» paupière, je fus anéanti ; mais ma voix ne
» se tut qu'étranglée de mes sanglots et non
» des siens.

» Voilà des sensations épouvantables que
» les hommes seuls éprouvent, parce qu'ils
» n'ont dans le cœur qu'une pitié personnelle,
» et que leur cruauté ne cède qu'à leur in-
» stinct brutal. — Quel droit avais-je d'ulcé-
» rer cette femme ? M'avait-elle assuré qu'elle
» n'avait pas aimé ? M'avait-elle trompé, avait-
» elle surpris ma croyance ? — Non. — Et seu-
» lement pour m'être trompé moi-même, je
» la voulus charger de mon inconséquence,
» et, la faisant coupable de mon égarement,
» je la souillai de tout le fiel d'une rage aussi
» injuste que profonde.

20.

» Pour ces infamies sans nom, le ciel n'a
» d'autre châtiment que leur souvenance
» même, éternelle atrophie qui sature nos
» jours. »

## XVIII

« Lorsque ma voix se tut, j'entendis un
» gémissement sortir de sa poitrine, et vis
» couler abondantes ses larmes, comme des
» perles égrenées qui tombaient de ses mains.
» — Je m'agenouillai tout auprès d'elle.

« — Sainte comme la mère du Seigneur
» gémissant au pied du Calvaire, âme étiolée
» par le souffle des hommes, divine es-tu dans
» ta douleur ! Pardonne, ombre douce et plain-
» tive, pardonne à l'amertume de ma dé-
» mence. Je sais que ma prière ne peut effa-
» cer la trace de tes pleurs bénis, et que ta
» blessure sera longtemps vivante, car elle
» est si profonde ! — Mais écoute : l'homme
» n'a pas ces trésors de tendresse qu'on ne

» trouve qu'en un cœur de femme, et, si cou-
» pable que je sois, je viens implorer ta pitié.
» — Plante sauvage, j'ai crû sur les rochers
» arides et ne connais encore que les ronces ;
» loin des hommes, j'ai toujours vécu seul,
» isolé ; la solitude rend sévère, cruel même ;
» jamais je ne me suis enivré de la voix ou du
» regard d'une femme, d'un ange ; jamais je
» n'ai aimé, parce que je n'aimais rien ; rien,
» ni personne, comprends-tu ? mon cœur s'est
» endurci, mon âme s'est fanée ; je l'ai fanée
» moi-même sans lui donner le temps d'é-
» clore ; j'ai fui, je fuis le monde, parce que
» rien ne m'y attire, et que tout ce qui s'y
» mêle est impur ; doutant de rencontrer un
» jour la seule chose que je désirasse, je
» me suis jeté dans le désert ; cette seule
» chose, c'était l'amour, un amour immense,
» sans fin, presque impossible ; un autre ne
» m'eût pas suffi, je l'eusse étouffé.—Écoute
» encore ; — tu es plus belle que la première
» étoile, plus douce qu'une harmonie, plus
» suave qu'une fleur ; c'est toi que je veux
» aimer ; si ton amour est éphémère, il peut
» être éternel ; c'est à toi que je m'abandonne ;

» quoi qu'il arrive, qui que tu sois, je t'ai-
» merai. »

— « Toujours ? » demanda-t-elle tout à
coup en souriant tristement.

— « Toujours ! — Ah ! tu m'as réveillé ! —
» Je doute, je doute !

— « Oh ! que je souffre ! » dit-elle en s'éle-
» vant de terre.

« Saisi d'effroi, muet de stupeur, je la re-
» gardais, immobile et tremblant ;—elle prit
» un luth, inaperçu encore, et chanta :

A ma souffrance, à mes regrets  
Prêtez votre suave haleine,  
Murmurez, brises des forêts  
Où ma peine  
Se promène ;  
Aux soupirs émanés des fleurs  
Mêlez vos larmes parfumées ;  
Je veux oublier mes douleurs :  
Pleurez, belles nuits embaumées.

Pleurez, pleurez ; le bonheur fuit,  
Tout succombe qui naît sur terre ;  
L'illusion qui nous poursuit  
Éphémère  
Désespère  
L'amour qui ne boit que du fiel.  
Pour nos âmes envenimées,

Vous seules descendez du ciel :
Venez, belles nuits embaumées.

Pourquoi pleurer, pourquoi gémir
Et nous étioler sans cesse ?
La mort ne peut-elle endormir
        La tristesse
        Qui caresse
Nos cœurs et les creuse toujours ?
Nous qui sommes les bien-aimées,
Fuyons de pareilles amours.
. . . . . . . . . . . . . . .
Oh ! les belles nuits embaumées !


« Avec le dernier son de la lyre l'ombre
» s'évanouit, et je ne vis plus rien..... plus
» rien que quelques fleurs chéries qui tombè-
» rent effeuillées sur ma tête. »


## XIX


« Je restai là, immobile, insensé ; d'un mot,
» j'avais rompu le charme inexprimable dont
» s'enivraient mon âme à la fois et mon cœur.
» Rien ne restait auprès de moi de cette om-

» bre mystique que ces paroles harmonieuses
» qui résonnaient tendres encore et plainti-
» ves à mon oreille, comme une harmonie
» surhumaine ; que ces fleurs qui roulaient,
» paresseuses et lourdes de mes larmes : lar-
» mes douces, âme cruelle, cœur misérable et
» vain. — Sans courage ou sans force, je de-
» meurai longtemps perdu dans mon rêve
» adoré, brisé de remords, cherchant la trace
» de cette apparition divine étiolée de mon
» souffle impur ; longtemps je rappelai cet
» amour qui s'enfuyait pour me laisser en
» proie aux tortures délicieuses d'un souve-
» nir ; tout avait bien disparu, et pour ja-
» mais peut-être.

» Ah ! j'étais né pour verser à tous ceux
» qui m'offraient le bonheur les gouttes de
» cette amertume dont j'étais plein. Elle ve-
» nait me donner son amour, ne me l'avait-elle
» pas dit ? et au lieu de lui tendre les bras
» comme à un ange inespéré, au lieu de bénir
» cet amour, je l'avais lâchement étouffé, mi-
» sérable et cruel, jaloux de toute ivresse
» qu'il ne partage pas. — Et, cependant, je
» la ressentais comme elle, cette ivresse que

» depuis si longtemps j'appelais ; comme elle,
» j'avais trop de l'amour qui brûlait en mon
» être ; comme elle, je voulais partager mon
» bonheur, et d'un mot j'avais anéanti son
» bonheur et le mien. — Je doute, avais-je
» dit ; je doutais, en effet : car tout ce que
» j'avais vu sur terre m'avait forcé au doute ;
» rien n'y est vrai, vous le savez peut-être ;
» tout n'y est que mensonge, tout, même l'a-
» mour, et je puis dire surtout l'amour. Ce-
» pendant, pourquoi fausser le cœur ou l'âme,
» et pourquoi déchirer bassement l'être que
» vous n'aimez point ? Il faudra bien un jour
» qu'il lise au fond de vous l'énormité de l'in-
» famie ; n'est-ce donc que votre cœur n'est
» pétri que d'une vanité grossière, et qu'il ne
» veut que tirer gloire d'un amour qu'il ne
» comprend pas, lui qui n'éprouve que des
» sentiments vils et brutaux ? Quelle gloire !
» Quelle misère ! S'il ne peut ressentir l'in-
» fluence divine, le mystérieux parfum qui
» émane d'un amour profond, que vient-il, de
» sa fiévreuse haleine, vicier l'atmosphère
» embaumée qui s'épand autour de lui ?
» — Je doutais. — Du temps que je vivais

» encore, j'avais dit à une jeune fille en
» lui donnant mon âme : Voici que je
» vous offre une compagne ; elle est jeune,
» elle est pure, elle est pleine d'amour ; —
» la voulez-vous ? — Oui, m'avait-elle ré-
» pondu. — Mais elle a séduit ma foi. — J'a-
» vais dit à l'homme : Vous paraissez aimant
» et bon ; tout mortel a besoin d'un ami :
» soyez le mien. — Oui, m'avait-il répondu.
» — Mais il m'a trompé. — J'avais dit au
» monde : Je viens au milieu de vous chercher
» le bonheur que l'homme demande à l'homme
» et que chacun se doit, puisque l'homme est
» créé pour l'homme. — Chacun tourna la
» tête en se moquant de moi, et j'entendis :
» Chacun pour soi et Dieu pour tous.

   » Je passai une nuit entière à sonder ces
» mots ; le lendemain, ma raison était mûre :
» je doutais. »


## XX


« Alors, je fus triste, abattu ; l'homme ne
» fut plus à mes yeux créature de Dieu, mais

» créature de lui-même. Dieu avait envoyé
» sur la terre l'Homme-Dieu pour régénérer
» l'homme : vainement ; l'homme était donc
» naturellement mauvais ; — Dieu n'avait
» pas envoyé de femme divine pour régéné-
» rer la femme ; la femme était donc naturel-
» lement bonne. Et je pensai : Je fuirai
» l'homme, puisqu'il est mauvais ; j'aimerai
» la femme, puisqu'elle est bonne. Le cœur de
» l'homme, par lui-même, s'attache à la terre ;
» il en est partie indivise ; le cœur de la femme,
» c'est son âme ; l'âme de la femme est un
» rayon de Dieu.

» La femme m'avait trompé, il est vrai ;
» mais, l'homme étant mauvais, elle avait cru
» que je la tromperais moi-même un jour, et
» peut-être avait-elle eu raison ; car, alors, je
» n'avais pas pensé à la nature humaine, et
» j'ignorais. — Science épouvantable que j'ai
» acquise !

» Et je me dis encore : L'homme ne s'élevant
» à Dieu qu'au souffle divin de la femme, je
» chercherai une âme qui comprenne la
» mienne que je lui donnerai toute, mais une
» femme qui n'ait jamais aimé, qui ne con-

» naisse pas ce que c'est que l'amour ; car,
» eût-elle connu la nature de l'amour humain,
» elle ne m'eût pas aimé.

» Déjà ne comprenez-vous point dans quel
» abîme je roulais, de quelle impossibilité je
» m'enivrais ? — Vous savez, j'estime, que
» l'homme ne se peut enivrer que de l'impos-
» sible, car le réel n'est qu'impur.

» Longtemps je cherchai hors de moi un
» amour vrai, pour me convaincre de la réalité
» de l'amour vrai sur la terre. Je vis des mas-
» ques bien adaptés aux visages, des senti-
» ments bien étiquetés dans les cœurs, des
» passions bien ordonnées dans les âmes ;
» mais comme j'épiais avec une attention ja-
» louse, je lisais bien distinctement que le
» cœur et l'âme humains n'étaient que des
» casiers où se rangeait à la guise de chacun
» ce que chacun y voulait mettre. L'homme,
» n'ignorant pas la nature de son sembla-
» ble, l'imitait, la trouvant bonne, et surtout
» ne pouvant lutter contre lui qu'avec armes
» égales.

» Chacun se mettait donc un masque au
» visage, remplissait avec ordre les cases de

» son cœur et de son âme, et s'en allait ainsi
» dans le monde, trompant, trompé. — C'est
» la nature : elle est abjecte, repoussante ; elle
» me fit horreur.

» Je m'éloignai des hommes. —Mais trem-
» blant de ne rencontrer parmi eux que des
» femmes façonnées à leurs goûts et à leurs
» exigences, — à leur nature, — qui, comme
» eux, étiquetassent leur cœur et leur âme,
» je m'enfuis dans le désert, et formai en moi,
» pour moi, la créature qui pût me comprendre
» et que je pusse aimer, afin de pouvoir être
» aimé de Dieu ; et comme la femme est un
» rayon de Dieu, mon imagination adora une
» femme. »

# XXI

« Je voulais une femme qui ne connût point
» l'amour ; je ne devais donc pas la chercher
» sur la terre, et je me la formai en moi.

» Je lui donnai la beauté d'une jeune fille

» qui m'avait apparu comme une lueur éphé-
» mère, sitôt morte que née ; — l'âme et le
» cœur d'un ange ; — pour demeure, les bois
» et les montagnes ; — une nature divine ; —
» pour forme, celle d'une ombre ; — et je lan-
» çai mon âme à sa poursuite.

» Elle courut longtemps, si vous saviez !
» bien longtemps et partout. Chaque nuit, je
» parcourais les monts, les forêts, les ravins ;
» il me semblait la voir devant moi s'élever
» adorable, adorée ; je tombais à genoux et
» je la suppliais de descendre du ciel ; je
» l'appelais de noms si doux, que je la croyais
» à tout instant auprès de moi. — Vainement.
» — Mais je l'aimais tant, que toujours ma
» prière revenait plus fervente, et que mon
» âme en feu soutenait mon corps haletant,
» épuisé, qui déjà reculait devant les courses
» effrayantes où l'entraînait mon esprit en dé-
» lire. — Je délirais peut-être ; mais l'amour
» n'est-il pas un délire ? Et, qu'est-ce que le
» corps au prix de l'âme ?

» Le soleil me chassait des bois, et je ren-
» trais accablé de souffrance, plein d'amour,
» d'un amour qui s'augmentait sans cesse, et

» qui me jetait tout le jour dans une extase
» inépuisable.

» Un soir, je me levais pour aller fatiguer
» encore les montagnes et les bois d'alentour :
» — on m'avait enfermé. — Déjà mon âme
» n'appartenait plus au monde, et je compre-
» nais cependant qu'on voulait emprisonner
» mon corps. — Qui donc avait usurpé ce
» droit? A qui donc étais-je vendu? N'avais-je
» pas toute ma raison, et n'étais-je pas libre de
» chercher partout le bonheur qui m'attirait,
» que je voyais là-bas sur les montagnes les
» plus hautes ou dans les plus sombres forêts?
» — J'avais perdu la mémoire du monde ; la
» souffrance me rappelait à lui. Pourquoi me
» ravir mon bonheur? — Chacun pour soi et
» Dieu pour tous. — Les hommes ne l'avaient-
» ils pas dit?

» D'un bond, je sautai au hasard, et, m'é-
» lançant après ma créature, mes pas ne
» s'arrêtèrent qu'au sommet d'un roc inacces-
» sible pour d'autres, mais que je franchis
» comme un somnambule ou un fou.

» C'est là que m'apparut pour la première
» fois cette ombre rêvée de mon âme ; c'est

» là que, ma tête reposée en ses bras, je
» m'enivrai de ses regards. — Elle était si
» belle ! — belle comme je l'avais façonnée.
» C'est là que je déchirai cet amour doux et
» triste ; de là qu'il s'enfuit, ce fantôme adoré,
» en me jetant des parcelles de sa couronne,
» et en entraînant à sa lèvre divine mon âme
» suspendue à chacune de ses paroles qui me
» charmaient et me brisaient le cœur. »


## XXII


« Longtemps, les yeux fixés sur la place
» où elle s'était évanouie, j'invoquai, j'atten-
» dis ; mais rien. — Avais-je donc perdu ainsi
» la réalité de mon rêve, l'incarnation de mon
» âme ; et pour un instant d'une ivresse in-
» comprise, mais profondément ressentie,
» devais-je renoncer à cette ivresse éternelle
» que je m'étais promise en songe ? — Cette
» femme, je l'avais vue, écoutée ; elle m'avait

» bercé en ses bras ; j'avais respiré son ha-
» leine ; je m'étais enivré de son parfum, et
» j'effeuillais encore les roses qu'elle avait
» semées à mes pieds. C'était donc bien la
» preuve que mon esprit ne s'abusait pas lui-
» même, et qu'elle existait, la créature que
» j'avais appelée comme une sœur ou une
» amante ; que j'avais espérée, mais sans
» oser croire à son être. Ce baiser qu'elle
» m'avait laissé prendre, qu'était-ce donc ?
» N'avais-je embrassé que le vide, quand
» j'aurais voulu pouvoir m'embrasser les lè-
» vres pour retrouver l'empreinte de ce baiser
» dont le feu m'inondait comme un poison
» ou un nectar ? N'était-elle venue à moi que
» pour essayer son empire et que pour me
» donner cette effrayante soif d'amour ? —
» Cruelle, ah ! plus cruelle que tes sembla-
» bles, que t'avais-je fait pour me frapper
» ainsi ? N'était-ce point assez de ma douleur,
» sans l'accroître de celle de t'avoir perdue ?
» Ma souffrance eût été moins profonde d'es-
» pérer toujours vainement, que de te perdre
» après t'avoir aimée, en t'aimant. Misérable
» victoire que la tienne, puisque tu me savais

» trop faible pour ne t'adorer pas. C'est donc
» à dire que ton amour n'est qu'une vanité
» qu'il te faut satisfaire, et que tu m'avais
» choisi pour victime? — Sirène mons-
» trueuse, je t'avais devinée : sans pitié,
» sans amour. Ta faim est-elle bien repue,
» maintenant? tu m'as rongé le cœur.

» Ainsi s'exhalait ma colère ; mais ces re-
» proches n'étaient que des regrets, car je
» sentais bien mon amour.

» Je t'accusais de vanité, pauvre âme, et
» n'était-ce point cette passion vile qui me
» remplissait d'amertume? N'était-ce point
» de ma bassesse que je voulais te recouvrir
» pour te rendre haïssable, quand, seul, je
» profanais ton amour? Tu me le livrais,
» confiante, et demandais le mien ; comme
» je cherchais une âme qui comprît la mienne,
» ainsi tu en voulais une pour toi, et croyant
» l'un et l'autre la rencontrer en nous, tous
» deux nous nous sommes trompés : toi, de
» m'avoir supposé digne de cet amour ; moi,
» de n'avoir vu en toi qu'une femme, et de
» n'avoir pas compris ta nature divine. —
» Mais j'avais tant souffert, mon Dieu! de la

» fausseté humaine ; j'avais tant vu de beaux
» visages infâmes, que je ne croyais plus à
» rien, et que mon égarement s'étendait jus-
» qu'à toi. — Mais si j'ai bien souffert, tu m'as
» bien pardonné ; car tu m'aimes encore, peut-
» être, et je t'aime toujours. »


## XXIII


« Ma tête s'égare ; pourquoi donc ? Je ne
» peux rassembler mes idées, et pourtant je
» voudrais vous dire, avant que la nuit s'a-
» chève, ce qu'est devenu cet amour. — De-
» main il ne serait plus temps, car vous venez
» chercher mon corps, je le sais bien ; il doit
» être enseveli et retourner à sa première
» essence. — S'il faut avoir beaucoup souffert
» pour avoir longtemps vécu, oh ! que ma vie
» a été longue !

» Que vous disais-je ? Ma mémoire m'a aban-
» donné, et je sens bien que je suis mort.
» — Revenez, revenez, ô mes souvenirs ! En-

» core un seul instant de ce dernier bonheur !

» Je vous ai dit qu'elle m'avait quitté,
» n'est-ce pas? que je pleurais, que je souf-
» frais, que j'étais fou. — Non, je ne vous ai
» pas dit que j'étais fou, — et cependant ils le
» croyaient tous.

» De peur d'être enfermé encore, je passai
» le reste de la nuit et le jour au fond d'un
» bois ; le soir, je retournai à la montagne.
» — Mettez votre main sur mon cœur et sen-
» tez comme il bat. — Vous comprenez quelle
» ivresse l'emplit tout à coup : — elle était
» là ! Je la voyais encore, je pensai mourir
» de bonheur sans avoir eu le temps de l'ai-
» mer.

» Je me jetai à ses pieds. — Mais quel effroi
» soudain, quelle épouvantable douleur ! —
» — C'était bien elle, mais pâle comme la
» mort, les yeux rouges de larmes desséchées,
» les joues creuses, le regard fixe, éteint.

» Je ne pus dire un mot ; une sueur froide
» m'inonda le visage ; je croisai les mains pour
» lui faire comprendre ma prière ; un horrible
» tressaillement s'empara de tout mon être ;
» je ne sais ce que j'éprouvai alors : ce fut

» comme un déchirement de toutes les fibres
» de ma poitrine ; je me levai dans un dernier
» effort pour me vaincre moi-même. — Je ne
» jetai qu'un cri et tombai sur le sol. »


# XXIV


« Mais bientôt voici qu'une musique étrange
» me réveille : j'écoute ; je puis entendre,
» rouvrir les yeux, renaître ; l'harmonie jette
» à la nuit des sons bizarres qui m'enchantent
» à la fois et m'effraient ; doucement je me
» traîne aux pieds du fantôme. — C'était lui,
» c'était lui qui chantait encore et brisait les
» cordes de sa lyre en les forçant à rendre des
» sons qui me faisaient trembler. — Et cepen-
» dant son visage était calme et froid, son
» regard immobile, indifférent, muet.

» Lorsqu'elle eut fini de chanter, la lyre
» s'échappa de ses mains qui tombèrent gla-
» cées dans les miennes. — Je crus voir un
» spectre, ou j'étais fou.

» Pauvre âme, lui dis-je, pourquoi me re-
» garder ainsi? Que tu es pâle et que tes
» mains sont froides! C'est à peine si ton
» cœur bat. Qu'est-ce donc qui se passe en
» toi? — Je te trompais hier, je me trompais
» moi-même; tu as ajouté foi à mon égare-
» ment, à mes paroles insensées; — tu n'en
» crois plus rien, n'est-ce pas? Si tu savais
» combien je t'aime, et que tu es toute ma vie,
» maintenant; oublie ma cruauté involon-
» taire. Je te parlais sans songer que je par-
» lais à toi, comme à toutes ces femmes aussi
» perfides qu'elles sont belles; je ne pensais pas
» que tu m'avais retiré de ce monde mépri-
» sable, et que je vivais de l'atmosphère em-
» baumée que tu sèmes autour de toi. Tu me
» pardonnes la souffrance que j'ai fait naître,
» car je vois que tu as bien souffert, pauvre
» amour! — Mais je t'aimerai tant! — Je
» rêvais un être divin, et c'est toi; pour lui,
» je conservais la pureté de mon amour;
» prends-le donc, puisqu'il se donne à toi, et
» que tu en cherches un qui ne se soit jamais
» souillé. — Je ne sais si djéà tu as aimé; je
» crains de le penser, je ne veux pas le croire.

» Un second amour n'a pas en nous de germe
» si profond, que la douleur ne le détruise. Ne
» me refuse pas cette félicité que j'appelle de-
» puis si longtemps. Tu peux lire en mon âme
» et te convaincre de cet amour qui la rem-
» plit. Penses-tu que je veuille te tromper en-
» core, maintenant que je sais ta nature et que
» tu es la vierge de mes rêves? — Réponds,
» veux-tu partager avec moi l'éternité qui
» nous ouvre les bras? Veux-tu nous perdre
» dans ce bonheur qui nous attire, — quand
» je te jure de mon amour? »

« — Je doute, — répondit-elle. »


## XXV


« Jusqu'alors je n'avais rien souffert au prix
» de la torture que j'éprouvai ; le coup dont
» je l'avais blessée rebondissait sur moi. —
» C'était justice. »

« Va! dit-elle, tu avais bien raison, car tout
» ici n'est que mensonge ; j'ai bien appris en

» un jour, et tu m'as donné ta science ; je suis
» comme toi, maintenant : je doute ; j'ai ré-
» fléchi profondément ; c'est toi qui l'as voulu.
» Je ne connaissais pas les hommes ; je croyais
» leur cœur aussi bon que le mien ; j'ai été
» parmi eux, je les ai vus. Si tu savais, pau-
» vre âme, comme ils se font un jeu de tous
» les sentiments qu'ils montrent et qu'ils n'é-
» prouvent pas ! Ils sont bien habiles et bien
» sots ; car s'ils se trompent les uns les autres,
» il faut qu'il y en ait de bien habiles et de
» bien sots. Je ne les ai vus qu'un jour, il m'a
» suffi à les connaître ; eux qui commercent
» toujours ensemble, ils ne se connaissent
» point encore, puisqu'il en est qui croient
» naïvement à la vérité dont on ne porte que
» le masque. — Espères-tu ne leur ressembler
» pas ? C'est une illusion que tu te fais à toi-
» même, parce que tu vis seul, et que tu leur
» ferais, à eux, si tu vivais dans leur foule.
» L'homme ment toujours à lui-même ou à
» son semblable ; tu ne peux le tromper, tu te
» trompes toi-même ; tu ne sors pas de ta
» nature.

» Tu dis m'aimer ? Aujourd'hui, peut-être,

» et je le crois ; — mais demain, pour toi,
» je serai déjà vieille ; mon front trahira les
» rides d'une souffrance que je n'avouerai
» point ; tu verras une femme plus belle, qui
» ne t'aimera pas ; — mais si tu l'aimes, que
» t'importe ? Tu n'iras pas consulter son
» amour, et tu l'aimeras ; tu abandonneras
» celle qui t'aimera vraiment ; tu l'abandon-
» neras parce qu'elle aura au front les rides
» qu'y aura semés l'indifférence de ton amour
» satisfait et blasé ; elle enlaidira pour t'ai-
» mer trop ; tu ne l'aimeras plus, parce qu'elle
» sera enlaidie à cause de ton peu d'amour ;
» tu ne seras donc point autre que les hommes,
» homme que tu es ; — et tu préféreras une
» femme jeune et belle sans amour à celle
» dont les yeux se fatigueront à pleurer la
» perte du tien ; — et tu ne l'aimeras plus,
» parce que l'homme ne comprend pas la pro-
» fondeur d'un amour vrai, et qu'il lui est
» indifférent qu'on l'aime moins lorsqu'on de-
» vient moins belle, pourvu qu'il trouve une
» autre femme qui satisfasse sa passion, —
» je ne dis pas son amour, car l'homme sait-il
» ce que c'est que l'amour ! — C'est à peine

» s'il pardonne à la femme de souffrir, parce
» que cette souffrance lui vole son plaisir
» brutal ; et, souvent, il arrive que la femme
» qui souffre le plus est celle qu'on aime le
» moins, bien que sa souffrance soit un divin
» amour.

» Laisse-moi, laisse-moi ; ne m'abuse pas,
» ne t'abuse pas toi-même plus longtemps ;
» tu vois que je connais bien les hommes, et
» qu'un mot de toi m'a suffi. — Va porter à
» d'autres ta fausseté involontaire ; tu te sou-
» viendras plus de moi qui te refuse tout,
» parce que je n'éteins pas ton désir et qu'il
» sera toujours vivant, que d'une autre qui,
» t'accordant tout, se perdra dans ton sou-
» venir, parce que tu te fatigueras d'elle ; tu
» comprends bien que je t'aime plus encore
» que tu ne m'aimes, que tu ne t'aimes,
» puisque je veux que tu te souviennes long-
» temps de moi, et que tu me remercies un
» jour de t'avoir conservé pur le seul amour
» qui ne s'éteindra pas en toi. — Tu me
» verras toujours comme une ombre aimée,
» douce et triste ; tu me rappelleras à toutes
» tes souffrances, et je serai pour toi comme

» un bon ange consolateur ; toutes les fois que
» tu pleureras un amour, tu penseras à moi ;
» toutes les fois qu'une femme aura trompé
» ton cœur, tu penseras à moi ; toutes les fois
» que la douleur viendra s'asseoir à ton che-
» vet, tu penseras à moi. Tu vois bien que je
» t'aime d'un amour sans bornes, puisque je
» veux que tu ne m'oublies jamais. — Adieu,
» pauvre âme, souviens-toi d'Hévella.

» Elle partit, comme la veille, en chantant
» les nuits embaumées ; — mais elle m'aban-
» donnait sa lyre et sa couronne d'immor-
» telles. »


## XXVI


« Je ne vous reparlerai plus de ma souf-
» france ; rien ne saurait vous la faire com-
» prendre ; elle était, elle est encore inexpri-
» mable ; je devenais idiot, hébété.

» Après avoir éprouvé le choc que se li-
» vraient en moi la raison et l'amour ; après

» avoir longtemps songé à ce qu'elle m'avait
» dit, je ressentis une révolution soudaine qui
» se faisait en mon être, et je commençai à
» douter de moi-même : à douter si j'existais
» vraiment, si j'étais éveillé, ou si je sortais
» de l'impression d'un rêve épouvantable dont
» je ne me rendais pas compte ; je m'interro-
» geais, je repassais tout ce que j'avais vu,
» entendu, ou ce que je croyais avoir vu et
» entendu, et ne pouvais me répondre ; l'excès
» du mal paralysait le mal ; je ne sentais plus
» rien ; le vide ou l'oubli s'emparait de moi.
» — Certainement, j'allais mourir.

» Peu à peu, cependant, mais sans saisir
» ce dont je venais d'être le jouet, la raison
» se fit jour et me rappela à la réalité ; je
» souffrais, donc j'étais.

» Je pris la couronne et la lyre, et je m'en fus
» chercher un endroit ignoré des hommes qui
» me permît de vivre à jamais séparé d'eux.
» Dans une cavité de ce morne je trouvai un
» asile qui semblait formé tout exprès pour
» me servir de cellule ou de tombe. — Nous
» y descendrons tout à l'heure. — Je recou-
» vris de mousse une grande pierre, et j'y

» déposai la couronne et la lyre ; ce devait
» être ma couche et celle d'Hévella : car,
» malgré ses paroles, j'espérais encore la re-
» voir. J'allai tout aux environs cueillir les
» fleurs aux parfums les plus forts, afin de
» m'enivrer de leurs senteurs si mon mal de-
» venait trop intense ; j'en entourai la couche
» nuptiale ou mortuaire ; leurs émanations
» emplissaient tellement ma retraite, que je
» dus arracher les broussailles qui en mas-
» quaient la porte, afin que l'air pût en affai-
» blir le poison.

» Je vous l'ai dit, l'énormité de la douleur
» étouffait la douleur même, en sorte que,
» sans avoir la conscience exacte de mon
» être, je sentais bien que je vivais ; mais
» j'avais oublié tout, sinon que j'aimais une
» femme, Hévella, et que, puisque je l'aimais,
» elle devait revenir, je devais l'attendre ;
» mon idiotisme me donnait son retour im-
» probable comme une certitude, et je me
» persuadais moi-même qu'à la nuit j'allais la
» revoir.

» Je restai dans mon antre, où l'accable-
» ment physique m'endormit jusqu'au soir ;

» je dis l'accablement physique, car mon
» âme ne souffrait plus ; elle avait souffert
» tellement, qu'elle n'éprouvait rien. — J'er-
» rai tout le jour, me dérobant aux regards
» des hommes ; tout ce que je voyais me pa-
» raissait étrange et nouveau ; il me semblait
» ne voir rien de ce que j'avais vu déjà, et
» cependant je n'avais pas quitté ces lieux
» bénis par l'apparition d'Hévella ; je voyais
» mal, ou ne me rappelais pas.

    » A l'approche du soir, je désertai les bois
» pour la montagne ; j'étais heureux, j'allais
» la revoir ; je l'attendais, persuadé qu'elle ne
» m'avait pas abandonné, puisque je l'aimais.
» — Ah ! n'avais-je pas raison ? Quand j'ar-
» rivai.....................................

    » Mais quel tremblement vient s'emparer
» de moi ? C'est à peine si mes lèvres veulent
» encore m'obéir ; je frissonne... j'ai froid...
» je suis glacé... Qu'ai-je donc, mon Dieu !

    » Quand j'arrivai, vous ai-je dit,... quand
» j'arrivai... eh bien... elle était là ! »

# XXVII

« N'est-ce pas que j'avais eu bien raison de
» l'attendre? Elle ne m'avait point oublié.

» Je m'approchai d'elle ; — mais je ne pus
» voir son visage : elle avait un long voile qui
» le dérobait à ma vue ; je ne sais pourquoi,
» mais ce corps ne me parut pas être le sien ;
» il était maigre et voûté ; ses mains même
» étaient cachées dans les plis de sa robe.

» Je me sentis froid au cœur. — Oh ! doute
» horrible qui me poursuivait sans relâche ;
» douter de tout, même d'un corps !

» Je m'agenouillai :

» — Sainte entre toutes les saintes, lui dis-
» je, âme douce et plaintive, tu m'as donc par-
» donné l'ingratitude de mon amour, persua-
» dée de cet amour qui s'est voué tout à toi !
» Bénie sois-tu, vierge des douleurs imma-
» culées ! tu as compris que le fiel épandu sur
» mes lèvres n'était pas en mon âme, et que

» la souffrance que je te prodiguais trahissait
» l'immensité de mon amour. — Avant de te
» connaître, je doutais de tous les cœurs,
» même du mien; je ne croyais pas qu'il fût
» possible d'aimer, surtout d'aimer long-
» temps; devant toi, mes yeux se sont ou-
» verts; car je sens bien que je t'aimerai tou-
» jours. — Va! ces amours faciles que ren-
» contrent les hommes ne laissent en eux
» qu'une trace éphémères parce qu'ils ne souf-
» frent jamais, obtenant aussitôt qu'ils dési-
» rent; c'est de l'amour dont on a le plus
» souffert que l'on se souvient toujours : -
» c'est le mien. — Aujourd'hui, comment
» veux-tu que je doute, quand je sais que ton
» amour est ma vie, et qu'il faut vivre bien-
» heureux en t'aimant, ou renoncer à vivre?
» Vois-tu quel bonheur inespéré nous convie ;
» sens-tu quel rayon nous échauffe, quel eni-
» vrement qui nous sollicite à l'amour !

» Et pourtant, tu ne me réponds pas; tu
» sembles n'être plus ce fantôme adoré qui
» souriait à mon premier rêve ; tu restes im-
» mobile et sans voix. — Laisse tomber encore
» de tes regards toute la suavité de ton âme,

» laisse-moi lire dans tes yeux que tu m'as
» pardonné. — Ne doute plus toi-même ; ta
» blessure, je la fermerai sous mes lèvres,
» comme les tiennes calmeront ma douleur. »

« Mais elle ne répondait pas. — J'avais
» peur ; je tremblais ; — je tremble encore ;
» elle sommeillait peut-être, et pourquoi l'é-
» veiller ? Elle avait tant souffert comme moi.
» — Son visage était-il aussi pâle que la veille,
» ou avait-il repris sa vénusté première ? —
» J'ôtai le voile. — Horreur !... c'était la
» Mort ! »


## XXVIII


« — Où donc est Hévella ? m'écriai-je ; que
» viens-tu faire ? Haleines-tu déjà mon bon-
» heur ? — Va-t'en ! N'est-ce donc que parce
» que je suis heureux que tu viens mainte-
» nant, infâme et sans pitié ? Qui t'appelle ;
» ai-je besoin de toi ? Que ne m'as-tu emporté
» lorsque je n'avais rien qui me retînt à la

» terre? Pourquoi vomir ton souffle impur
» dans cette atmosphère embaumée? Né pour-
» suis-tu que les heureux du monde, et ne
» laisses-tu en paix que ceux qui souffrent et
» gémissent? Écoute ceux qui t'implorent,
» ô doublement cruelle! qui fauches le bon-
» heur et restes sourde aux agonies, jalouse
» des félicités pures, étreignant dans tes bras
» et couvrant de tes baisers terribles ceux qui
» ne veulent pas de toi ; monstre informe qui
» vas à la couche bénie jouir d'un embrasse-
» ment virginal, et te refuses au chevet de la
» misère ; envieuse de tout ce qui est heu-
» reux sur la terre, tu te railles aussi bien de
» tous ceux qui t'appellent que de tous ceux
» qui te repoussent, et, génie du malheur, tu
» n'aimes que ceux qui te fuient, comme tu
» ne fuis que ceux qui t'aiment ; tu t'enivres
» de toutes les douleurs que tu prodigues, et
» méprises toutes celles que tu n'enfantes
» pas.

» Où donc est Hévella ? Desserre donc en-
» fin tes lèvres de vampire, puisqu'il s'agit de
» m'arracher l'âme, et que toute atrophie est
» une félicité pour toi ; goûte encore cette

» ivresse, buveuse de tout sang ; tu es bien
» maigre, nourris-toi ; mais, maudite de Dieu,
» tu dévorerais toutes les créatures, que ton
» visage serait toujours horrible et ton corps
» toujours repoussant ; de toutes les beautés
» que tu ravis pour t'en masquer la face, tu
» ne retiens que les cadavres, et tu demeures
» informe, épouvantable, objet de dégoût et
» d'horreur, rongée de toutes les infamies qui
» te dévorent. Tes yeux sont morts, ton cœur
» est mort, ta chair est morte ; en toi tout est
» mort ! Comment donc ! toi qui prends tant
» de vies, n'en peux-tu conserver aucune ? —
» Raillerie pour raillerie ; misère pour misère,
» et mangerais-tu le cœur de tous les hommes,
» qu'il ne t'en resterait pas un lambeau ! Nous
» luttons ensemble, vieille éhontée, infâme
» messagère ; c'est un combat épouvantable
» que le nôtre ; et qui donc sera le vainqueur ?
» —Mais du moins, tu ne peux te repaître
» que de la pourriture de nos corps ; ta poitrine
» infecte ne peut engloutir que notre matière,
» que notre boue, enfin ; prends-la donc ! —
» mais je te défends bien de toucher à mon
» âme ! — Vois-tu si je puis te railler ! Ne

» suis-je pas le plus fort? Mon âme, mon
» âme! entends-tu? tu rages de ne la pou-
» voir atteindre ; elle est immortelle, y songes-
» tu? — Et toi? — Oh! la sorcière immonde !
» — Va donc, misérable ! je t'abandonne mon
» limon : c'est ta pâture; mange et dévore.
» — Mais mon âme, mon âme ! — O la sor-
» cière ! — comme je me ris bien de toi !

  » Non ; — c'est ma douleur qui s'égare ; il
» faut avoir pitié ; si tu savais tout ce que j'ai
» souffert! — Ne va pas m'accabler ; il y a
» bien longtemps que je porte ma croix, et je
» marche au Calvaire les pieds rouges de
» sang. — Dis-moi, que me veux-tu? — Je
» suis heureux, laisse-moi vivre, je t'en prie ;
» accorde-moi quelques jours de bonheur ;
» tu écoutes, parfois, ceux qui t'implorent ;
» écoute-moi ; veux-tu? Ne me ravis pas ce
» bonheur que je ne fais que d'atteindre.
» Hévella m'a donné son amour, laisse-moi
» l'aimer ; tu nous prendras ensemble quand
» nous aurons vécu à peine de l'existence
» radieuse de ce charmant amour. — Fuis,
» éloigne-toi vite ; elle va venir ; elle aurait
» peur. »

— « Elle est morte. »

« — Elle est morte, dis-tu ? Elle est morte !
» Il te manquait cette victime, et l'hostie
» sainte est devenue ta proie. — Mais non, tu
» veux me tromper, me forcer à t'aimer en
» l'abandonnant, elle, que j'aime tant ! —
» Elle est morte ! — Non, je ne le veux pas !
» — Ah ! maudite, tu m'as brisé le cœur. —
» Quoi ! tu me l'as ravie ? Tu n'as pas même
» eu honte de la souiller de ton haleine ? — Tu
» n'as honte de rien. — Mais au moins, où
» est-elle, où as-tu mis son corps ? Je veux la
» voir, lui parler; une dernière fois elle me
» répondra. — Je veux la voir ! Qu'en as-tu
» fait ? »

« — Suis-moi, répondit la Mort. »

## XXIX

« Je la suivis. — Elle m'emmena bien loin,
» par delà les prairies et les bois où j'avais
» erré tout le jour, dans une forêt sombre,

» inconnue. A son passage, l'herbe se flétris-
» sait, les fleurs s'étiolaient ; les arbres se dé-
» pouillaient de leur parure, qui tombait feuille
» à feuille, jaune et sèche, à nos pieds. »

» Mais voici que retentit une musique plain-
» tive et douce comme le chant d'un enfant
» malade. — La Mort s'arrêta ; je marchai
» toujours. — Bientôt j'entrai dans un cercle
» de lumière, et je vis autour d'une tombe
» des anges qui priaient tout bas. — Igno-
» rant où j'étais, je cherchai la Mort : elle avait
» disparu.

» Leurs prières achevées, les fantômes mê-
» lèrent leurs voix pleureuses aux accents que
» j'entendais encore ; chacun tenait une lyre
» de cristal, qui rayonnait à la clarté mys-
» tique comme les étoiles brillent au ciel.
» Je me rappelai cette harmonie divine ; il ne
» manquait que le chant d'Hévella, quand
» une voix, perçant la tombe, dit ces mots :

A ma souffrance, à mes regrets,
Prêtez votre suave haleine ;
Murmurez, brises des forêts,
Où ma peine
Se promène ;

Aux soupirs émanés des fleurs
Mêlez vos larmes parfumées ;
Je veux oublier mes douleurs,
Pleurez, belles nuits embaumées.


Pleurez, pleurez, le bonheur fuit,
Tout succombe qui naît sur terre ;
L'illusion qui nous poursuit,
        Ephémère,
        Désespère
L'amour qui ne boit que du fiel.
Pour nos âmes envenimées
Vous seules descendez du ciel.
Venez, belles nuits embaumées.


Pourquoi pleurer, pourquoi gémir,
Et nous étioler sans cesse ?
La mort ne peut-elle endormir
        La tristesse
        Qui caresse
Nos cœurs, et les creuse toujours ?
Nous qui sommes les bien-aimées,
Fuyons de pareilles amours.

. . . . . . . . .

O les belles nuits embaumées !


» Je vis se soulever peu à peu la pierre jon-
» chée de fleurs, et sortir un suaire qui se
» dressa, effrayant, devant moi. Mon sang se
» glaçait dans mes veines, mes dents s'en-

» tre-choquaient, mes genoux fléchirent. Je
» levai les yeux. — Hévella ! c'était elle !

« — Dieu de miséricorde ! m'écriai - je en
» m'affaissant sur le bord de la tombe. »


## XXX


« — Écoute, me dit-elle en me rappelant à la
» vie, j'avais le cœur plein d'amour ; je venais
» à toi, rayonnante de cette auréole de
» bonheur qui couronnait mon front ; je res-
» sentais les prémices d'une félicité que je
» croyais humaine ; je m'enivrais moi-même
» du parfum de cet amour que je voulais te
» donner tout pour le tien ; j'espérais, igno-
» rant encore la cruauté des hommes, trouver
» en toi l'être qu'avait rêvé mon âme, et qui
» en pût comprendre l'illusion et l'erreur,
» puisque tout n'y était qu'illusion. Je ne
» doutais pas, je croyais. Je croyais que les
» hommes étaient bons comme moi, et que
» pour eux le cœur était une urne sainte et

» sacrée ; que tout ce qu'ils y renfermaient
» d'amour était inaltérable et pur, quand
» tout n'y est que fausseté. Tu étais peut-être
» comme j'étais moi-même avant d'avoir
» acquis la terrible science du cœur. Oui, tu
» étais comme moi, car tu n'as pas su même
» ou voulu abuser de ma foi en disant que tu
» m'aimerais toujours. Un seul mot de toi
» m'a rappelé au monde, et j'en étais si loin ;
» Mon âme respirait un air que n'avait jamais
» atteint le souffle des hommes ; un seul mot
» m'a fait tomber de mon ciel sans nuages
» dans l'atmosphère viciée par ces haleines qui
» exhalent tous les miasmes du cœur ; je n'ai
» pu y vivre qu'un jour, et son poison m'a
» étouffée. — Pauvre âme ! Si, à l'exemple de
» bien d'autres, tu avais séduit ma croyance ;
» si tu m'avais juré d'un éternel amour ; si tu
» avais su te mettre au visage le masque de
» l'infamie et le mensonge à la lèvre, je serais
» peut-être encore sous le charme de mon
» amour, qui se briserait demain dans une
» épouvantable douleur, quand, lassé de lui,
» ton abandon trahirait ton crime et mon illu-
» sion. — Non, pauvre âme, tu as été plus

» noble qu'eux, et tu n'as pas eu la même
» honte, car tu n'as pas un instant songé à
» fausser ton amour. Sois bénie ! — Je ne puis
» vivre en perdant l'éternité de mon bon-
» heur, et je crois qu'elle est surhumaine. Je
» meurs, mais je t'aime toujours , et mon
» ombre viendra souvent endormir ta souf-
» france, alors que tu m'appelleras. — Ne
» t'abuse pas plus longtemps : je ne suis point
» un être réel, je ne suis que ton âme à son
» innocence première. Tu as cru voir en moi
» la créature de tes songes, quand je ne suis
» vraiment que le reflet de cette âme qui te
» tourmente sans relâche, et qui te jette dans
» de cruelles déceptions. Je suis le rêve de ton
» rêve avant que tu connusses les hommes ;
» je suis ta pureté , ton premier rayon de
» bonheur. — Peut-être abandonneras-tu ma
» mémoire pour te mêler au tourbillon du
» monde, et dévêtir enfin cette virginité qu'il
» méprise et repousse. — Mais tu te souvien-
» dras de moi et me rappelleras quand la tris-
» tesse se fera ta compagne. — Adieu, pauvre
» âme ; fuis la solitude : elle est mauvaise
» au cœur qui souffre. Retourne au milieu

» de tes semblables; aime-les plus qu'ils ne
» s'aiment. Grossis la foule, mais garde-toi de
» son écume. »

« Quand je n'entendis plus cette voix qui
» me poignait le cœur, je rouvris les yeux et
» voulus m'élancer dans la tombe avec Elle.
» — Mais je ne vis plus rien, je n'entendis
» plus rien : les fantômes avaient disparu, le
» chant avait cessé, toute clarté s'était éva-
» nouie. — Mon Dieu! mon Dieu! où donc
» étais-je? — M'avait-elle parlé, l'avais-je
» entendue? Qui donc m'avait amené là? —
» Oh! ma raison, ma raison! — Je n'avais
» plus la conscience de moi, je ne me souvenais
» plus, — et je vivais encore! »


## XXXI


— « Hévella, Hévella! m'écriai-je, ne m'a-
» bandonne pas ainsi; prends pitié, puisque la
» Mort ne veut pas de moi. Que vais-je deve-
» nir, maintenant? Puis-je vivre sans toi?

» Est-il possible que Dieu m'ait condamné à
» cette infortune, et qu'il m'ait accablé de
» tant de misère ! — Écoute, mon pauvre cher
» amour : tu ne songes pas à ma douleur, car
» tu aurais pitié, toi si sainte et si douce. Tu
» ne peux être cruelle et vouloir que je passe
» le reste de mes jours dans une torture inex-
» primable. Tu m'as dit que tu m'aimais, et
» voici que tu m'abandonnes, en doublant
» mon martyre par ce dernier aveu. Rouvre
» ta tombe, reviens à moi : tu ne peux me
» laisser en proie à toute l'étendue de mon
» malheur. Ah ! s'il faut en appeler à ton
» cœur, reviens donc me prouver ton amour
» en exigeant ta part de mes souffrances. Si
» tu m'aimes, ne veux-tu point souffrir comme
» moi ? — Non, tu ne reviendras pas, car tu
» sais que ma misère de t'avoir perdue est
» bien moindre que ne serait ma félicité de te
» revoir encore. — Et pourquoi ne veux-tu
» pas mon bonheur ? Je serais trop heureux,
» sans doute, et tu crains que ce bonheur ne me
» tue, et c'est pour cela que tu fuis.—Ah ! re-
» parais, du moins, un seul instant, et vienne,
» vienne la Mort, pourvu que je m'enivre une

» seule fois encore de ton regard. — Hévella,
» Hévella ! Pauvre ange, ne m'entends-tu
» pas ? Vois, mes yeux se remplissent de
» larmes ; les sanglots arrêtent ma prière ;
» c'est à peine si j'ai la force de parler. —
» Hévella ! mon amour, tu m'as dit que tu
» reviendrais pour consoler ma douleur. Hé-
» vella ! je souffre, oh ! que je souffre, mon
» Dieu ! — Et tu ne reviens pas. »

     « J'étais brisé, anéanti. — Quand le soleil[1]
» vint rouvrir mes paupières, je m'interrogeai
» longtemps sans pouvoir me répondre. Les
» perles qui brillaient sur moi, était-ce la
» rosée du ciel ou la pluie de mes larmes ? —
» Je me souvins cependant qu'Hévella était
» morte et que j'étais près de sa tombe ; mais
» je ne revis plus la pierre qu'il m'avait sem-
» blé voir se soulever pendant le concert des
» anges. — Je ramassai des guirlandes de
» fleurs qui se trouvaient perdues à mes cô-
» tés. Je les effeuillai toutes sur le lambeau
» de terre qui devait renfermer Hévella, et je
» restai à pleurer, à prier tout le jour. —
» C'est bien là que j'ai versé toutes mes larmes,
» car mes yeux n'en ont plus.

» Laissez-moi respirer ; — j'arrive à l'in-
» stant de ma mort. »


# XXXII


« Quand vint le soir, je fus un peu plus
» calme ; j'envisageai toute mon infortune, et
» compris que je ne pouvais pas vivre séparé
» d'elle ; ma raison me dit qu'il me fallait
» mourir, et je m'y préparai. — La vie, c'est
» l'âme ; tout le reste n'est rien.—Ayant donc
» fait un grand trou dans la terre, je m'y
» penchai :

« — Hévella, dis-je à voix basse, Hévella, ne
» t'en va pas encore, attends-moi ; je t'aime,
» pauvre amour, et te veux suivre ; nous nous
» perdrons tous deux dans ces champs de
» bonheur que tu me montrais alors que nous
» causions sur la montagne, tu sais, l'autel où
» brûla le premier encens de notre amour,
» lorsque, radieuse et divine, tu jetas tes bras
» à mon cou, quand ma lèvre toucha la

» tienne, Hévella, tu te souviens, n'est-ce
» pas? Tu n'as rien oublié de cet instant dé-
» licieux; blanche colombe, je veux que tu
» m'emportes sur ton aile frémissante; je veux
» m'endormir encore sur ton sein adoré. Ah !
» quelle ivresse ! et que nous allons bien vi-
» der la coupe d'un immortel amour ! toutes
» nos larmes ne seront que des larmes de joie ;
» nos cris, que des cris de bonheur. — Hé-
» vella, mon amour, c'est mon âme ; elle est
» à toi, je te la donne ; ne sens-tu pas qu'elle
» repose auprès de toi ?—Tiens, elle me quitte,
» — prends-la. »

» Et je l'ensevelis dans la terre, en la re-
» couvrant de tout ce qui tomba sous ma
» main, pour qu'elle ne se pût échapper.

» Ce fut alors que je mourus. Mon corps
» s'en alla vaguer au hasard, conduit par ma
» seule raison ; vous comprenez que je ne
» souffrais plus et que tout me devenait in-
» différent.

» Un jour, j'aperçus des hommes qui ac-
» couraient, et qui, après avoir pleuré, crié,
» à cause de moi, disaient-ils, — comme si
» j'existais encore, — m'emmenèrent, et me

» firent enfermer, quelque temps après, avec
» des fous. — Je crus d'abord que tout ce
» monde qui se promenait autour de moi était,
» comme moi, raisonnable; mais je reconnus
» bientôt que ce n'étaient que des fous, et
» voici comment. »

## XXXIIL

« C'était vers le mois de novembre; j'étais
» assis dans le coin d'une grande cour que je
» me rappelle bien; je me demandais quel
» intérêt ces hommes, qui s'étaient emparés
» de mon corps, avaient à le cacher ainsi aux
» yeux du monde, et je ne me l'expliquais
» pas. Ma raison me disait bien que j'avais de
» la fortune; mais pourquoi tant de précau-
» tions à la prendre? Je la leur eusse donnée
» volontiers; ce n'eût pas été un sacrifice, je
» n'en avais plus besoin.
» Je vis venir à moi une femme; c'était la
» première que je voyais depuis longtemps;
» — elle s'assit à mon côté, et me dit :

« —Eh bien, il n'est pas venu encore aujour-
» d'hui ; il m'abandonne, il m'oublie ; tout ce
» printemps, tout cet été, comme nous nous
» sommes aimés, si vous saviez ! Chaque ma-
» tin, il m'éveillait ; je m'endormais chaque
» soir avec lui. Mais, maintenant, hélas ! il
» me laisse à ma douleur, et je l'aime tant !—
» Voici deux mois qu'il m'apparaît à peine,
» — et il s'en va si vite !—Je pleure, je pleure
» toujours ; mes yeux sont rouges de mes
» larmes. — Écoutez, vous êtes bon, je le
» crois ; il faut venir à mon secours ; il est
» parti bien loin, — on me l'a dit ; — il ne re-
» viendra pas avant que toutes les neiges soient
» passées ; — on m'a dit qu'il est en Améri-
» que, et que là-bas il est toujours plus beau
» que dans nos ingrates contrées. — Voulez-
» vous m'aider à l'aller retrouver ? j'aurai
» bien de la joie ; — donnez-moi de l'argent,
» beaucoup d'argent : c'est un long voyage à
» faire, et je suis pauvre, et je l'aime trop
» pour vivre sans lui. — Vous devez avoir
» aimé, vous, autrefois ; vous n'y pensez plus,
» mais certainement vous avez aimé ; qui
» n'aime pas sur la terre? — Peut-être aimez-

» vous encore. Eh bien, si je savais que vous
» souffriez et que je pusse soulager votre
» peine, tout ce que je pourrais faire, je le
» ferais à l'instant : tout cœur qui aime est
» bon. Si l'on me disait de vous : Il est mal-
» heureux, et tu peux lui donner le bonheur,
» vous l'auriez déjà. — Donnez-moi de l'ar-
» gent, voulez-vous? Que j'aille le revoir et
» l'aimer tant, qu'il sera forcé de m'aimer
» encore; son amour, c'est ma vie, et vous ne
» voulez pas que je meure; — je vous en
prie! »

— « Mais qui donc aimez-vous? » lui de-
» mandai-je.

— « Le soleil! » répondit-elle.

« Elle aimait le soleil, entendez-vous? Oh!
» la folle, la folle, qui aimait le soleil!

» C'est ce qui me fit comprendre que j'étais
» parmi des fous; et comme les fous m'inspi-
» rent de la frayeur, je résolus de m'enfuir. »

# XXXIV

« Ce jour même, j'examinai bien les murs
» de ma prison afin de m'évader le soir, — ce
» que je fis.

» Lorsque je sautai dans la plaine, il me
» sembla que je respirais plus à l'aise ; j'étais
» libre. — Je courus de toutes mes forces pour
» échapper à la poursuite des hommes ; en
» passant près d'une église, je heurtai une
» boule que je ramassai : —c'était un crâne ;
» — je reconnus Hévella ; elle m'envoyait un
» souvenir ; son âme était avec mon âme ; son
» corps était détruit avant le mien , voilà
» tout.

» Je marchais devant moi sans savoir où
» j'allais, quand, bien heureusement, je revis
» la montagne où nous sommes, et je pensai
» à la retraite que je m'étais gardée comme
» un asile inabordable. — J'y cachai précieu-
» sement mon trésor, et je fus, au lever du
» jour, à la tombe sacrée.

24.

» Mon Dieu ! la fosse était béante ! Hévella
» n'avait pas voulu de mon âme, ou les
» hommes qui m'avaient suivi avaient fouillé
» la terre.—Mon âme n'était plus là. Je crus
» la ressentir en moi. — Elle revenait, elle
» revenait, la cruelle ! je ne me trompais pas,
» je recommençais de souffrir. — Ah ! toutes
» mes douleurs allaient donc se réemparer de
» moi ! — Mais oui, elles renaissaient plus
» fortes et plus épouvantables ; leur violence
» était horrible. Je n'avais donc pas fini de
» gémir ?— et pourtant, je doutais encore :
» Hévella ne pouvait pas refuser mon amour.

» Je revins à mon antre ; et pour savoir si
» elle m'avait entièrement abandonné, — cer-
» tain qu'elle me répondrait, si elle m'aimait
» encore, — (ne m'avait-elle pas dit qu'elle
» serait toujours près de moi à mes heures
» d'amertume, si je me souvenais d'elle ?) je
» l'appelai. — Elle me répondit, mais ne vint
» pas. — C'était son âme qui parlait.

» Depuis ce temps, mon corps souffre beau-
» coup, car ma raison ne veut pas le quitter
» pour qu'on le puisse mettre en terre ; —de-
» puis ce temps, l'âme du pauvre ange me

» vient consoler chaque soir. Quand je suis
» triste et que ma voix l'appelle, la sienne
» me répond, et me chante ses Nuits embau-
» mées, comme au premier jour de sa venue,
» lorsque je lui portai le coup fatal qui brisa
» notre amour d'ici-bas pour le rendre éter-
» nel. »


## XXXV


« Que faire maintenant, que devenir ? — Si
» seulement vous vouliez de mon corps pour
» le mettre au tombeau ! j'ai cru que vous ve-
» niez le chercher ; n'était-ce donc qu'une er-
» reur ? — C'est une vie insupportable que la
» mienne ; car tant que ce corps vivra, je ne
» ressentirai pas toute la béatitude de mon
» amour. — O mes belles années, ô ma jeu-
» nesse, ô mon insouciance ! qu'êtes-vous de-
» venues ! — O mon cœur, urne profonde rem-
» plie de larmes, ô mon âme, foyer de misère !
» —Pas une fibre qui ne soit douloureuse, pas

» un penser qui ne soit triste!—Seigneur, Sei-
» gneur, Seigneur! Que vous ai-je donc fait
» pour que vous m'ayez mis au front la cou-
» ronne d'épines et l'éponge de fiel à la lèvre?
» A quel dernier supplice réservez-vous la
» pauvre créature qui gémit et qui souffre,
» et qui vous aime, ô mon Dieu! Votre misé-
» ricorde n'éteindra-t-elle point ce reste de
» flamme qui brûle encore dans ma débilité ;
» l'épreuve durera-t-elle bien longtemps; et
» ne voudrez-vous pas, ô mon Dieu, me verser
» tout d'un coup la somme des douleurs que
» vous m'aménagez! Pitié, pitié, Seigneur!
» votre droite est terrible ; j'ai bien souffert,
» pitié!—J'ai douté, je doute, il est vrai, des
» hommes, mais non pas de vous : votre exis-
» tence éclate aux yeux de l'univers; personne
» ne vous nie, ô mon Dieu, personne que les
» insensés; toute mon infortune n'est-elle pas
» une longue prière qui monte à vous comme
» une voix des gémonies ! et si mon amour
» est un crime, je l'ai bien expié. Le Christ
» souffrit et pleura bien longtemps : depuis
» bien longtemps, mon Dieu, je souffre et je
» pleure ; le Christ porta sa croix au Calvaire,

» et je porte la mienne ; le Christ eut le flanc
» déchiré, mon Dieu, et mon cœur se déchire ;
» le Christ était votre fils, et je suis votre en-
» fant. Mais il était rempli de l'Esprit-Saint
» qui vient de vous, et ses douleurs étaient
» ses joies : et moi, Seigneur, je n'ai que
» mon amour, souffle de Dieu, sans doute,
» car il m'enivre et me reporte à vous ; mais
» je ne suis que l'homme faible, et qui lutte,
» et qui tremble, et qui gémit. Pitié, Seigneur !
» Faut-il donc que le bonheur qui m'attend
» près de vous soit payé sur la terre par au-
» tant d'infortune, et que les larmes du bon-
» heur ne puissent naître que de larmes de
» sang ! »


# XXXVI


« Voyez, dans la vallée le jour pointe ; en-
» core un jour va naître, encore un semblable
» à tous les autres. Ah ! quel deuil effrayant
» que celui où je suis englouti ! — Allez,

» maintenant, il faut m'abandonner ; car si
» l'on vous apercevait ici, d'autres hommes
» viendraient, et je ne serais plus seul la nuit
» avec elle.—Ne me trahissez pas, au moins ;
» songez donc ! ils voudraient m'enfermer
» encore ; vous me tueriez tout à fait, et vous
» feriez bien, peut-être. —Non,—Dieu est là.
» Venez avec moi ; descendons doucement ;
» ne la réveillons pas ; son corps repose sur
» la pierre de ma cellule ; — vous l'allez
» voir ! — J'ai confiance en vous ; si vous me
» trompiez, ce serait bien affreux. — Entrez
» bien doucement ; c'est mon asile. Sentez
» quelles odeurs émanent de ces tiges qui
» l'entourent. — La voyez-vous ? Elle est là,
» sur la pierre ; elle dort ; n'est-ce pas qu'elle
» est belle ? Ces longs cheveux blonds qui se
» perdaient sur ses épaules nues ! — Et que
» son visage est divin, et qu'un ange ne peut
» être plus beau. Sa couronne et sa longue
» robe blanche, et sa lyre qu'elle me prête
» chaque soir pour chanter avec elle ;—voilà
» son corps ; son âme, c'est elle qui me parle
» la nuit, et que je ne vois plus ; nos corps
» seront ici-bas comme nos âmes là-haut ; car

» je veux mourir là, tout près d'elle. — Vous
» ne pouvez pas comprendre cet amour ; c'est
» presque de la folie ; les hommes en riraient,
» les infâmes ; mais moi, je me ris bien d'eux
» aussi ; ils ne souffrent ni n'aiment ; je pré-
» fère aimer et souffrir ; ils n'ont rien de vrai-
» ment bon, rien de pur ; et mon amour est
» bon ; il est pur, puisqu'il me vient de Dieu ;
» n'est-il pas immense, ne sera-t-il pas éter-
» nel ? — Fuyez vite ; et si vous revenez, re-
» venez seul, ou plutôt ne revenez point : la
» douleur vraie ne veut pas de témoin. »


# XXXVII


Ainsi parla le martyr. — Je rentrai, le
cœur navré, à la cahute des pêcheurs.

Je songeai longtemps à ce que je pouvais
faire pour rappeler cette âme exilée. Dans le
vague de son hallucination, je ne découvrais
qu'une chose : cet homme avait rêvé une
femme qu'il n'avait jamais vue, et dont son

égarement avait fait une réalité ; le rêve
s'était emparé tellement de sa raison, qu'il
l'avait étouffée ; son délire avait enfanté le
reste ; le nom d'Hévella, qui répondait à son
appel, n'était que la répercussion d'un écho
du rocher ; son chant n'était probablement
que des vers que sa folie intérieurement ré-
pétait ; le crâne que j'avais vu, il l'avait ramassé, sans doute, en traversant le cimetière
qui touche à l'asile des aliénés d'où il s'était
évadé ; les fleurs, il les avait cueillies aux
environs ; la robe d'Hévella, qu'il croyait
voir, était le reflet même de la pierre au lever
du soleil, et la lyre n'était qu'un jouet qu'on
avait mis entre ses mains pour calmer un
peu sa douleur. C'est ainsi que je pus m'expliquer l'étrangeté de ce qui se rapportait à
cette pauvre créature. J'avais retenu le chant
plaintif qu'il attribuait à Hévella, et toujours
cette mélodie me revenait aux lèvres ; peu à
peu toute la famille de mon hôte la sut, et sa
fille la chantait, comme il semblait au Larmoyeur que chantait Hévella, avec toute la
suavité que lui prêtait son âme. Je leur contai
ce que j'avais vu à *la Roche qui plaint ;* car ils

avaient tous eu frayeur de mon absence ; au lieu d'effroi, ils eurent des larmes. — C'était un crime que d'abandonner cet homme à une douleur qui ne pouvait que croître chaque jour; je résolus d'aller me renseigner à la ville.

## XXXVIII

En chemin, le remords me surprit, non d'avoir révélé cette histoire : car, de toute manière, il eût été cruel de laisser là cet homme ignoré ; mais je souffrais moi-même de la douleur qu'il éprouverait à se voir enfermé de nouveau parmi ces malheureux auxquels il ne croyait pas ressembler.

J'appris du directeur que l'on connaissait sa retraite, et qu'on ne l'en arrachait point dans l'espoir que le temps ferait ce que n'avaient pu des remèdes jusqu'alors inutiles, et que la liberté de sa folie le ramènerait à la raison. Je ne compris pas que cette liberté pût atteindre son but ; car je crois que la folie,

abandonnée à elle-même, ne peut que se ren-
forcer, au contraire, si je puis ainsi dire, et
qu'il faut qu'elle éprouve un grand choc pour
s'éteindre. A cette observation, on répondit
que sa raison était trop faible pour qu'on
osât tenter l'épreuve, et que cette faiblesse
aurait plus d'action que rien autre dès qu'elle
serait fatiguée de la monotonie de son objet ;
que, du reste, on suivrait un autre chemin si
le temps n'avait pas de pouvoir ; mais qu'il
importait au plus haut point que cet homme
restât seul, ou que son attention fût enchaî-
née peu à peu et très-fortement à un long
récit concernant Hévella, et qui lui fît douter
même du rêve qui le subjuguait.

Ce dernier moyen me frappa. — Mon histoire fut bientôt ébauchée, et, rentré à la
plage, j'attendis que la nuit vînt pour aller
retrouver le pauvre Larmoyeur.

# XXXIX

Quand j'arrivai au sommet de la roche, il
était là, sa tête dans ses mains, immobile ; il
ne m'entendit pas.

— « C'est moi, » lui dis-je en le tirant de sa
torpeur.

« — Ah ! c'est vous ? Vous êtes revenu ;
» pourquoi ? Que me voulez-vous ? Depuis
» quand les vivants aiment-ils les morts ? Je
» suis *Celui qui a été;* laissez-moi. — Ce soir,
» elle n'est pas venue, Elle. — Je me repens
» de vous avoir parlé ; j'ai affligé son âme ;
» elle ne me répondra plus ; j'ai bien senti ma
» faute ; j'ai été triste, aujourd'hui, plus triste
» que jamais ; je voulais penser à elle, et tou-
» jours sa pensée me semblait fuir ; les cordes
» de la lyre ont repoussé mes doigts ; elle est
» restée muette. — Hévella aussi est res-
» tée muette. — Je suis bien malheureux,
» bien cruellement éprouvé ; — et je ne puis

» mourir, mon Dieu ! Toujours ce corps s'op-
» posera - t - il à mon âme, et ne pourrai-je
» quitter enfin cette terre d'affliction ! —
» Savez-vous que je suis le creuset de toutes
» les misères ? Mes yeux sont gros de larmes
» et ne peuvent pleurer ; toute consolation
» m'est refusée ; il semble que le malheur
» m'ait choisi pour victime, et qu'il s'acharne
» à sa proie en multipliant ses morsures
» pour prolonger le supplice. — Oh ! ma tête,
» ma tête ! elle se brise, voyez-vous ; c'est
» épouvantable ; — j'ai là comme un marteau
» qui m'écrase le front. — Que ma tête est
» lourde, mon Dieu ! elle brûle mes mains
» glacées ; du moins, si je pouvais pleurer !
» — Je souffre trop ; je vois l'heure qui ap-
» proche ; je sens bien que mon corps ne peut
» résister davantage ; il n'est pas donné à
» l'homme de rester plus longtemps à la tor-
» ture. — Quand tout sera fini, vous m'ense-
» velirez auprès d'elle, n'est-ce pas ? Vous
» briserez cette lyre, que vous mettrez sur le
» tombeau pour que personne ne s'en serve ;
» la nuit, quand le vent soufflera, les cordes
» résonneront, tristes, mélodieuses ; et si

» nos âmes viennent à passer là, elles se sou-
» viendront.

« — Hévella n'est pas morte, lui dis-je.

« — Hévella n'est! pas morte! s'écria-t-il ;
» — vous me trompez donc aussi, vous ? —
» Ah ! vous êtes bien cruel de venir essayer
» votre poison sur moi ; il faut donc que je
» sois abreuvé de toutes les amertumes ; et
» ne quitterai-je le banquet infernal qu'après
» avoir épuisé le fiel de toutes les douleurs ?
» Mon Dieu, mon Dieu, que vous êtes sévère !
» — Hévella n'est pas morte ! — Mais songez-
» vous bien à ce que vous venez de me dire ?
» Songez-vous que si je la revoyais , je de-
» viendrais fou , moi aussi ? — Et je vous
» parle comme si je me berçais d'une espé-
» rance impossible, poignante, affreuse. Je
» doute encore, mon Dieu ! Que me faut-il
» donc pour ne douter plus ? Je doute qu'Hé-
» vella soit morte ! — Non, c'est de la folie ;
» vous me dites un mot ; vous avez assez peu
» de cœur pour vous railler de moi, pour
» abuser de ma créance, quand je vous ai con-
» fié mes émotions les plus douces, mes plus
» profondes, mes plus saintes pensées ; vous

» venez là; sans honte, sans remords, comme
» un homme ordinaire, car ils sont ainsi, vous
» venez sur chacune des blessures que j'ai
» rouvertes devant vous pour vous faire com-
» prendre tout ce que j'ai souffert, tout ce que
» je souffre encore, vous venez verser des
» gouttes de plomb qui me tordent les chairs
» et qui m'arrachent de tels cris intérieurs,
» que si je ne pensais à la pauvre âme qui
» m'écoute, j'irais jusqu'à blasphémer Dieu !
» — Maudit, sans pitié que vous êtes, qui tirez
» un éclat de joie d'une agonie et qui raillez
» la douleur sacrée d'un mourant. »

Je voulais l'interrompre et calmer son
esprit; mais j'écoutais, depuis quelques in-
stants, un froissement d'herbe qui se faisait
derrière nous, et je frissonnais, malgré moi,
sans oser dire un mot.

« Qu'avez-vous? s'écria-t-il à voix basse,
» en s'élançant à mon bras; vous tremblez;
» qu'est-ce donc? Vous me faites trembler
» moi-même. »

Tout à coup une voix retentit. — C'était le
chant d'Hévella.

Il se serra si près de moi, que je sentais son

haleine me frôler le visage ; ses yeux étaient horriblement ouverts ; des gouttes de sueur glacée roulaient de ses tempes sur mes mains.

La voix se tut. — Il tourna la tête :

« Hévella ! » cria-t-il, en s'évanouissant aux pieds du fantôme.

Je me tenais à peine ; un fantôme était là, devant nous ; je fis un pas en trébuchant. — C'était la fille du pêcheur !


## XL


— Ne le réveillez pas, me dit-elle ; j'ai cru que la frayeur le ramènerait à la raison ; déjà, peut-être, il n'est plus fou. — On est venu de la ville ; on vous cherchait ; sa mère est bien malade ; elle pleure son fils, la pauvre femme, et j'ai voulu tenter de le sauver ; je n'en ai rien dit à personne ; je suis partie ; mais comme j'avais peur, et comme ma voix tremblait en chantant ! — Croyez-vous qu'il soit sauvé, et que sa mère ne sera plus malade ?

Elle sera si heureuse, s'il a recouvré la raison ; — il s'éveille ; il faut que je m'éloigne un
peu ; parlez-lui.

« —Oh! que cette herbe est fraîche à ma tête
» brûlante ! dit-il en se levant lentement; que
» la rosée est douce! comme elle me fait du
» bien! — Où suis-je donc ? Je dormais ; —
» non, je me souviens... non, — je ne me sou-
» viens pas. — Ah !... que faites-vous ici; que
» me voulez-vous? — Eh bien, vous savez,
» ils m'avaient enfermé; je me suis échappé;
» ils ne connaissent pas ma retraite ; vous
» savez... Hévella ! — je l'ai emportée avec
» moi; je l'ai cachée; — elle dort ! —Elle m'a
» dit qu'elle m'aimait. — Je doute, je doute !
» — car elle peut me tromper : c'est une
» femme ; il ne faut jamais croire bien profon-
» dément; Dieu seul ne trompe pas. — O la
» folle, la folle, qui aimait le soleil ! »

Il se détourna en riant, et aperçut le fantôme. Il poussa un cri terrible.

« — Hévella, Hévella ! — fuyez, fuyez ;
» vous n'êtes point Hévella.—Fuyez! — Oh !
» vous me tuez, vous m'arrachez le cœur. —
» Ils me tueront, ils me tueront, ils me tue-

» ront ! — Mensonge que la femme, men-
» songe que l'homme, mensonge que le
» monde ! — Dieu seul, — vérité ! — Dieu,
» l'âme, l'amour !—Mon âme, mon âme, mon
» âme ! — Hévella ! — Va-t'en donc, impos-
» ture, tu n'es point Hévella ; non ; — elle
» est là, elle est là, — tu vas voir ! »

Il se précipita d'un bond dans la cavité de
la roche ; j'entendis un second cri ; je m'é-
lançai. — Je le vis à genoux sur la pierre,
embrassant avec fureur le crâne horrible qui
grimaçait sous sa couronne ; il se coucha auprès en le tenant entre ses mains. J'attendis
longtemps encore ; il dormait ; la secousse
l'avait abattu.

Espérant que la fatigue l'appesantirait jusqu'au jour, je partis avec la fille du pêcheur
pour prendre les mesures nécessaires à l'em-
mener de ce lieu qui lui rappelait trop ses
premières émotions les plus fortes, et où jamais il n'eût guéri.

## XLI

Au point du jour, je me rendis à la ville, et consultai le directeur sur ce qu'il comptait faire du malade :

—Puisqu'il vous connaît, me dit-il, retournez à lui ; parlez-lui de sa mère ; interrogez sa raison par tous moyens possibles ; je voulais y aller moi-même, mais trop de monde l'inquiéterait ; tâchez de l'entraîner avec vous ; cette folie, arrivée à son paroxysme, ne peut à présent que décroître ; ses fureurs sont passées ; une vie calme, intime et douce, des entretiens fréquents sur l'âme ou sur l'amour, le distrairont de la pensée qui l'obsède ; il suivra le chemin que l'on voudra lui faire prendre, si, en feignant de parler comme lui, on le détourne peu à peu de l'idée fixe et profonde dont on ne peut ronger que lentement la racine.

J'allai donc. — En arrivant à l'endroit que

j'avais vu la veille, je fus étonné de ne plus
voir l'entrée que j'y avais remarquée, et je
craignis de m'être trompé de route. Cependant, je reconnaissais bien les escarpements
de la roche, et ne m'expliquais pas quel chan-
gement avait eu lieu, quand j'aperçus une
pierre large et haute sur laquelle je lus ces
mots : *Ils dorment.* — Un frisson me saisit ;
faisant rouler la pierre au fond du gouffre, je
me précipitai. — Mais une énorme bouffée
de senteurs me frappa le visage et me retint
sur le seuil. J'eus peur de deviner. — Je me
jetai d'un bond sur le corps du Larmoyeur,
et l'arrachai de l'antre empoisonné. — Son
cœur battait, — mais si faiblement ! — Il
aspira l'air pur à pleins poumons, et rouvrit bientôt les yeux à l'éclat du soleil. Jamais
je ne vis regard aussi doux ; il semblait n'ap-
partenir plus à la terre, et goûter les délices
du ciel.

— Malheureux ! criai-je en le brusquant
pour le rappeler à lui, ne savez-vous pas que
votre mère est à son lit de mort, et vous res-
tez loin d'elle à perdre un temps dont les minutes lui sont comptées, et qu'elle passe à

demander son fils ! N'avez-vous pas de cœur
de n'être point à son chevet, lorsqu'elle souffre, et que votre présence la guérirait ; ne
songez-vous pas que la peine de son mal
n'est rien au prix de celle de ne vous voir pas
à ses côtés, et qu'elle va mourir sans vous !
« —Sans moi,—oh ! non.—Surtout, pas avant
» moi ; je l'aime, savez-vous, je l'aime beau-
» coup, ma mère ; je n'ai qu'elle au monde ;
» elle sait bien que je l'aime. Quand ses yeux
» tombent dans les miens, il me semble que
» c'est un regard de Dieu ; quand ses lèvres
» touchent mon front, que c'est le baiser d'un
» ange. — Et qui donc aimerais-je, si je
» ne l'aimais point?—C'est mal à vous de par-
» ler ainsi ; — mais vous ne le pensez pas. —
» C'est vous qui m'avez réveillé ? Oh ! comme
» je dormais ! — Je voulais m'endormir pour
» toujours. Les fleurs, les fleurs ! — C'est si
» doux de mourir enivré de parfums ! — Si
» vous le pouvez, mourez ainsi. — Mais ma
» mère souffre, avez-vous dit? Que restons-
» nous donc? Allons bien vite l'embrasser,
» ma bonne et sainte mère ! »

# XLII

« Voyez-vous, continua-t-il, la vertu n'est
» qu'un jeu ; n'y croyez pas ; toute la nuit,
» j'ai pensé ; —l'homme n'ayant rien de par-
» fait, pourquoi chercher en lui la vertu, qui
» est une perfection? Il n'aime rien profondé-
» ment, sinon Dieu, mais parce qu'il a besoin
» de lui ; l'amour de Dieu est le pain que cha-
» cun aime ; toutes les passions ne sont que
» mets variés dont on se lasse, et qu'il faut
» renouveler sans cesse ; — longtemps j'ai
» cru à l'amour ; je n'y crois plus ; on peut
» aimer beaucoup, un instant ; c'est une flamme
» ardente, éphémère ; plus elle est intense,
» moins elle dure ; je l'ai compris. — Le
» cœur et l'âme, à trop aimer, s'ennuient et
» se fatiguent, chacun le sait ; aussi chacun
» feint-il, comme on met à tout vice le masque
» de la vertu ; l'apparence est tout, ici-bas ; et
» cependant quelques-uns s'y trompent en-

» core, — les niais !— les uns par ignorance ;
» par vanité, les autres ; mais un jour, tout le
» monde y viendra. — Le vice est un art où
» tous ne sont pas également habiles ; c'est un
» art fructueux, et beaucoup le cultivent ; on
» n'en veut pas donner à tous la connaissance,
» dans la crainte que chacun n'en profite, et
» les experts le dissimulent afin d'en retirer
» de plus grands intérêts ; — ils font bien, ils
» font bien, les misérables ! — Tout leur sera
» compté plus tard. — Croyez-vous à la fin
» du monde?—J'y crois, moi ; le monde finira
» quand tous les hommes seront également
» vicieux ; nous n'avons pas bien longtemps
» à attendre. — J'ai connu un fou qui me di-
» sait que le monde ne finirait que quand
» l'homme serait parvenu à se créer lui-même
» artificiellement ; il avait peut-être raison,
» — je ne sais. — Par tout ce que je vous
» ai dit, vous avez dû comprendre que
» pour moi l'amour était une chose divine ;
» — j'ai pensé ; je n'y crois plus ; le seul
» amour de Dieu est éternel, parce qu'on
» ne peut s'en rendre maître ; l'amour hu-
» main ne serait durable qu'au cas où l'ob-

» jet aimé ne vous accordât point ce que votre
» passion demande, le mensonge à la lèvre ;
» dès qu'il se rend et qu'il satisfait vos désirs,
» ils s'éteignent ; — un poëte a bien dit :
» *amour qui ne croît pas , décroît.* — La pas-
» sion assouvie décroît toujours jusqu'à ce
» qu'elle meure ; — d'un point à l'autre, un
» pas !—J'ai aimé, moi, j'ai aimé saintement.
» — Silence ! — Ne réveillons pas ma dou-
» leur ; — peut-être aimé-je encore. — Elle
» n'est pas venue cette nuit, vous savez ; c'est
» qu'elle se fatigue, elle aussi,— elle, comme
» toutes les femmes. — Oh! je crois que je
» ressens mon âme ; je recommence de souf-
» frir. — Fuyons vite. »


## XLIII


« O misère, que l'âme où Dieu jeta un
» rayon de son amour ; misère que la vie,
» effrayante misère ! Ce qui est bon, ce qui est
» beau, ce qui est saint : fausseté, raillerie,

» mensonge, — et cependant, chacun veut
» vivre, et vivre bien longtemps. — Quelle
» pitié! — Remuer la fange à pleines mains,
» et s'y vautrer avec bonheur, voilà l'homme.
» — Heureusement ma blessure est mor-
» telle; je ne tarderai guère à fuir le tour-
» billon plein d'écume et de lave; je le sens.
» — Dieu ne m'a tant éprouvé que pour me
» récompenser plus tôt. — Béni soit-il! —
» La souillure du monde ne m'a pas atteint;
» j'ai résisté à son entraînement; mon âme
» est restée pure. — L'amour, purification
» divine! — Ah! si l'homme pouvait aimer,
» qu'il serait moins à plaindre ou moins
» à mépriser, qu'il serait plus agréable à
» Dieu! Que son cœur se sustenterait moins
» des sentiments qui ravalent la créature en
» l'attachant invinciblement à la terre!—Ah!
» pauvre ange, toi qui m'as purifié par ton
» souffle embaumé, qui m'as ravi dans une
» extase surhumaine, pourquoi faut-il que tu
» m'abandonnes aux regrets de ma félicité;
» pourquoi faut-il que je doute même de ton
» amour! — Vanité, vanité! — car je sens
» que je t'aime; et ne puis-je t'aimer sans que

» tu m'aimes à ton tour? — Et ne t'aimerais-
» je point, si je croyais n'être pas aimé? —
» Peut-être !

   » Mais n'oubliez-vous pas que ma mère se
» meurt? »


## XLIV


Nous touchions aux portes de la ville; je
fus prévenir le docteur, et tous trois nous en-
trâmes dans la maison du Larmoyeur.

Il alla doucement à sa mère, et la regarda
longtemps sans mot dire; il semblait noyer
son âme dans ses yeux; — elle n'osait faire
un mouvement.

«—C'est bien vous, lui dit-il; oh! je vous re-
» connais; vous avez beaucoup souffert, sans
» doute, et vous souffrez encore; mais c'est
» le partage des mères que de souffrir pour
» les enfants; votre bonté rayonne comme
» l'auréole d'une sainte, et vous me pardon-
» nez. — Moi aussi j'ai bien souffert. — Je

» reviens à vous, pour toujours maintenant;
» je ne vous quitterai plus ; je serai là, au
» chevet de ma mère ; je veillerai pour vous ;
» vous, pour moi : l'on souffre moins à deux.
» — Mettez vos lèvres à mon front ; il est brû-
» lant, n'est-ce pas ? vos baisers le rafraîchi-
» ront ; quand vos paupières chercheront le
» sommeil, je vous endormirai au chant de
» mon amour, de ma douleur ; vous guérirez,
» vous guérirez bientôt ; ne serai-je pas au-
» près de vous ? Et moi, j'oublierai tout, car
» vous serez auprès de moi. — Oh ! j'ai bien
» besoin d'oublier ! — Je n'aime que Dieu,
» vous et Elle, — trinité sainte ! — car je
» l'aime toujours, bien qu'Elle m'ait délaissé ;
» — faites, je vous en prie, que je ne me sou-
» vienne plus. — Voyez comme mon âme est
» calme et sereine ; ne suis-je point auprès
» de vous ? — Ne pleurez pas, ne pleurez
» pas ! — Jai tant versé de larmes, que j'ai
» pleuré pour vous. — Je vais être bien-
» heureux, n'est-ce pas ? Votre voix aimée
» apaisera mes sanglots ; vous me conso-
» lerez ; j'ai tant besoin de votre amour. —
» Ils ont bien fait, les hommes, de me rame-

» ner à vous ; je m'en étais allé bien loin ;
» songez donc qu'ils m'avaient enfermé. Oh !
» c'est tout une histoire. — Je vous la conte-
» rai. — Voulez-vous que je repose ma tête
» auprès de vous ? je suis si fatigué, et j'ai
» dormi si peu depuis longtemps. — Voyez,
» déjà mes yeux se ferment et mon âme som-
» meille ; je la croyais perdue ;—non, je l'a-
» vais enfouie dans la terre.—Que vos mains
» sont douces aux miennes ! — mettez votre
» bras à mon cou, et ne me laissez plus par-
» tir ; — il me semble que les cieux s'en-
» tr'ouvrent devant moi ; voulez-vous y mon-
» ter, ma mère ? vous m'emporterez sur vos
» ailes ;—on est si bien là-haut !—La voyez-
» vous ? — elle m'attend. — Qu'Elle est belle !
» — C'était pour Elle que je vous avais fuie ;
» — mais nous serons unis tous trois pour
» l'éternité ; — l'éternité, ma mère ! — J'ai
» bien souffert ; — que je vais être bienheu-
» reux ! — Je dors délicieusement auprès de
» vous ;—surtout ne me réveillez pas !—Vous
» mettrez mon corps tout au haut de la mon-
» tagne ; le soleil me réchauffera, quand j'au-
» rai froid ;—la lyre d'Hévella, vous ne l'ou-

» blierez pas, ni les fleurs. — Oh! ne me
» quittez pas, ma mère; — je suis si bien
» auprès de vous! »

Il s'endormit, baigné des larmes de la sup-
pliciée dont l'effroi muet interrogeait le docteur; elle fut promptement rassurée; le sommeil calme et profond de son enfant était
un symptôme favorable; ses yeux exhalèrent
la joie.—Ah! que les mères sont heureuses de
pouvoir ressentir de ces ineffables délices qui
n'appartiennent qu'à leur nature, et que les
hommes sont misérables de n'avoir jamais
rien au cœur qui puisse le faire bondir d'une
pareille ivresse! L'homme ne sent que les
joies de la terre; la femme, que les joies du
ciel. — La brute et l'ange.


## LV


Un an plus tard, je revenais à la cahute
des pêcheurs; les hôtes n'étaient plus les
mêmes; je ne pus avoir de nouvelles. — Re-

mettant au lendemain ma visite à la ville, je retournai, une fois encore, à *la Roche qui plaint* chercher les tristes souvenirs que j'y avais laissés. Les vagues cinglaient toujours les flancs du roc inébranlable, mais je n'entendis plus le chant terrible ni la fantastique harmonie qui m'avaient tant serré le cœur. — On s'afflige de tout perdre, une souffrance même ; mon âme s'attrista.

Arrivé au sommet de la roche, la première chose qui frappa mes yeux fut une pierre où dormait une lyre entourée d'une couronne de fleurs sèches que je reconnus bien ; sur la pierre, je lus ces mots :

L'amour est le pain de l'âme.

( I. de J.-C. )

Le Larmoyeur était mort.

FIN.

PARIS. — IMPRIMERIE CENTRALE DE NAPOLÉON CHAIX ET C<sup>ie</sup>, RUE BERGÈRE, 20.

# LIBRAIRIE DE DANIEL GIRAUD

## Nouvelle collection format Charpentier

Émile Souvestre. Au coin du Feu. 2e édition. 1 volume. 2 fr.
— Sous la Tonnelle. 2e édition. 1 volume. 2 fr.
— Au bord du Lac. 1 volume. 2 fr.
— Pendant la Moisson. 1 vol. 2 fr.
— Récits et Souvenirs. 1 vol. 2 fr.
— Le Mât de Cocagne. 1 vol. 3 fr.
— L'Homme et l'Argent. 1 vol. 3 fr.
— Le Mendiant de Saint-Roch. 1 volume. 2 fr.
d. de Balzac. Théâtre. 1 vol. 3 fr. 50 c.
— Les Contes drolatiques pour l'esbattement des Pantagruélistes et non aultres. 1 vol. 3 fr. 50 c.
Gérard de Nerval. Lorely. Souvenirs d'Allemagne. 1 volume. 3 fr. 50 c.
— Les Filles du Feu. Nouvelles. 1 volume. 3 fr. 50 c.
Eugène Guinot. Soirées d'Avril. Nouvelles. 1 volume. 2 fr.
Armand Barthet. Nouvelles. 1 volume. 2 fr.
Ernest Legouvé. Edith de Falsen. 5e édition augmentée de deux Nouvelles. 1 volume. 2 fr.
Jules de Prémaray. Promenades sentimentales dans Londres. 1 volume. 3 fr.
Charles Monselet. Statues et Statuettes contemporaines. 1 volume. 2 fr.
— Histoire anecdotique du tribunal révolutionnaire. 1 vol. 3 fr.
Henri Nicolle. Contes invraisemblables. 1 volume. 2 fr.
— Courses dans les Pyrénées. 1 volume. 3 fr. 50 c.
Francis Wey. Le Bouquet de Cerises. Roman rustique. 1 volume. 2 fr.
— Les Anglais chez eux. 1 vol. 3 fr.
Xavier Aubryet. La Femme de 25 ans. Scènes et Récits. 1 volume. 2 fr.
Un Girondin. Les Affiches rouges. 1 vol. 3 fr.
Ossian Honoré. Histoires de la vie privée d'autrefois. 1 volume. 2 fr.
Germain de Lagny. Le Knout et les Russes. Mœurs et Organisation de la Russie. 1 volume. 3 fr.
Christien Ostrowski. Théâtre complet. 1 fort volume. 3 fr.
Alfred Dumesnil. L'Art Italien. 1 vol. 3 fr. 50
Paul Nibelle. Légendes de la Vallée. 1 v. 2 fr.
Stendhal. Armance, ou quelques Scènes d'un Salon de Paris. 1 vol. 2 fr.
De Gramont. Chant du Passé. 1 vol. 3 fr.

Xavier Eyma. Les Femmes du Nouveau Monde. 1 volume. 3 fr. 50 c.
— Les Deux Amériques. 1 volume. Prix : 3 fr. 50 c.
— Les Peaux Rouges. Scènes de la vie des Indiens. 1 vol. 3 fr. 50 c.
— Les Peaux Noires. Mœurs des Esclaves. 1 volume. 3 fr. 50 c.
— Les Peaux Blanches. Tableaux de la Société américaine. 1 v. 3 fr. 50
— Portraits et Profils américains : Présidents, Hommes d'État, Écrivains. 1 vol. 3 fr. 50 c.
Francisque Bouvet. La Turquie et les Cabinets de l'Europe depuis le xve siècle. 1 volume. 3 fr.
Currer Bell. Jeanne Eyre ou les Mémoires d'une Institutrice, traduit de l'anglais par Mme Leshazeilles - Souvestre. 2 vol. 5 fr.
Surville de Balzac. Le Compagnon du Foyer. 1 volume. 2 fr.
— La Fée des Nuages. 1 vol. 2 fr.
A.-E. Cerfberr. La Guyane. 1 vol. 3 fr. 50
Saint-Maxent. Le Pédagogue. Etude de l'Egoïsme. 1 volume. 3 fr.

---

## PRINCIPALES PUBLICATIONS THÉATRALES

George Sand. Le Démon du Foyer, comédie en 2 actes (édition de luxe). 1 fr. 50
— Les Vacances de Pandolphe, comédie en 3 actes (édit. de luxe). 2 fr.
Victor Séjour. Richard III, drame en 5 actes et en prose (édition de luxe). 2 fr.
Alexandre Dumas fils. La Dame aux Camélias, pièce en 5 actes. 1 fr.
— Diane de Lys, comédie en 5 actes (jolie édition). 1 fr. 50 c.
Armand Barthet. Le chemin de Corinthe, comédie en 3 actes. 1 fr. 50 c.
Ernest Serret. Les Familles, comédie en 5 actes en vers (édition de luxe). Prix : 1 fr. 50 c.
De Belloy. Pythias et Damon, comédie en 1 acte et en vers (édit. de luxe) 1 fr.

---

## BIBLIOTHÈQUE ELZÉVIRIENNE

Gérard de Nerval. Contes et Facéties. 1 volume. 1 fr.
Paul Nibelle. La Fin d'un Songe. Récits antiques. 1 volume. 1 fr.
Eugène Bonhoure. Pêle-Mêle. 1 vol. 1 fr.
Edouard Martin. Collégiens, Etudiants et Mercadets. 1 volume. 1 fr.

---

Paris. — Imprimerie de Gustave GRATIOT, 39, rue Mazarine.